하나님의 때가 차매

전도에서 양육까지

하나님의 때가 차매
전도에서 양육까지

펴 낸 날   2019년 5월 10일 1판 1쇄

지 은 이   박 응 희
펴 낸 이   허 복 만
펴 낸 곳   야스미디어

편집기획   나 인 북
표지디자인   디자인일그램
등록번호   제10-2569호

주   소   서울 영등포구 양산로 193 남양빌딩 310호
전   화   02-3143-6651
팩   스   02-3143-6652
이 메 일   yasmedia@hanmail.net
I S B N   978-89-91105-73-7 (03230)

정가 15,000원

저작권법에 의해 복사를 금합니다.

하나님의
때가
차매

박웅희 지음

차 례

초대의 글   9

1부.   하나님 나라의 생명운동

1. 현대 교회 진단   16
2. 하나님 나라와 구속사   36
3. 예수 그리스도 생명의 복음   53
4. 예수 생명의 하나님 나라   60
5. 십자가와 부활의 복음   68
6. 성령과 하나님 나라   73
7. 하나님 나라와 교회   79
8. 복음 전도와 선교   84
9. 회심을 통한 전인적 변화   89
10. 최상의 환대   98

11. 영적 순례의 길   102

12. 예수님의 3대 사역   108

13. 모델이 되는 생명 사역   113

14. 생명 사역의 축복   119

15. 사도들의 복음 사역   124

16. 평신도들의 복음 사역   130

17. 바울 사도의 복음 사역   135

18. 영적 은사를 어떻게 찾을 수 있을까?   142

19. 영적 싸움을 어떻게 하여야 하나?   148

20. 신앙 고백을 통한 간증   155

21. 인간관계를 어떻게? 159

22. 도시 선교(Urban Mission) 165

23. 다음 세대(Next generation)를 어떻게? 175

24. 노인 선교(Silver Mission) 180

25. 거리 전도(Street Mission) 185

26. 인터넷 선교 196

27. 태신자를 위한 기도와 전도 201

28. 새 신자 정착 및 제자 양육 209

결론. 생명 사역의 열매 218

2부. 멘투멘 제자 양육

1주차   창조의 은혜   234

2주차   구속의 은혜   238

3주차   부활의 은혜   243

4주차   영생의 은혜   247

5주차   성례   252

6주차   교회   256

7주차   성령   261

8주차	성경	266
9주차	기도	271
10주차	전도	276
11주차	고난	281
12주차	방해	285
13주차	리더	288

참고도서   293

초대의 글

오늘날 세계는 빠른 속도로 변화되고 있으며, 상상할 수 없었던 엄청난 일들이 일어나고 있습니다. 이처럼 빠르게 변화가 이루어지는 세상에서 그리스도인들은 세상을 보는 눈이 있어야 합니다. 그러나 그리스도인들조차도 무감각하고 무기력하게 살아가고 있다는 것이 문제입니다. 예수님의 말씀처럼 피리를 불어도 춤추지 아니하고 슬픈 일을 당해도 애곡하지 않는 시대가 된 것입니다. 경제적인 부흥과 생활의 편함은 엄청난 성장을 가지고 왔지만, 그리스도인들은 복음의 감격과 기쁨을 잊어버리고, 형식적인 신앙생활을 하는 신자들이 갈수록 늘어만 가고 있습니다. 주님을 만난 첫 사랑의 감격과 뜨거움은 다 식어져 버리고 마치 미지근한 물에 담겨진 개구리가 점점 뜨거워지는 물의 온도를 느끼지 못하다가 마지막에 죽는 것처럼 오늘날 교회마다 복음의 열정은 식어져가고 "안된다" "어렵다"라는 패배 의식에 가득 차 있습니다.

몸이 차가워지면 면역력이 떨어지고 암세포가 증식하게 됩니다. 이런 것처럼 주님을 향한 뜨거운 복음의 열정이 식어지면 영적인 암에 걸린 것과 같이 영적싸움에 실패하게 됩니다. 우리의 신앙이 예수 그리스도의 십자가 복음을 듣고 은혜 받아 감격하고 뜨거웠던 첫 사랑을 회복해야만 합니다. 우리의 신앙을 회복하고 영적인 무기력증에서 벗어나야 합니다. 다시 하나님께로 나와 은혜를 새롭게 받아야 합니다. 예수님의 생명 안에서 누리는 구원의 감격과 죄 사함과 영생의 기쁨이 신자 안에 충만한 기쁨으로 가득차야 합니다. 그리스도 안에서 우리의 마음을 새롭게 하여야 합니다. 우리의 마음을 은혜로 굳게 하여야 합니다. 부정적이고 소극적이며 "안 된다"는 마음에서 벗어나 그리스도께서 능력 주시면 무슨 일이든지 "할 수 있다"는 창조적인 마음을 가져야 합니다.

우리의 마음을 어떻게 먹느냐에 따라 살기도 하고 죽기도 합니다. 우리의 마음이 생명의 근원입니다. 먼저 마음을 지켜야 합니다. 마음의 태도가 나의 현재의 모습입니다. 내가 어떤 마음을 가지고 있느냐가 우리의 인생과 미래를 결정합니다. 과거에 붙잡혀 "안 된다" "어렵다"라고 생각하는 마음의 자세를 바꿔야 합니다. 우리 마음은 예수님이 거하시며 성령이 거하는 전입니다. 우리가 먼저 예수 안에 거하고 예수님 말씀이 우리 안에 거하면 무엇이든지 구하라고 말씀하셨습니다. 예수님은 포도나무요 우리는 붙어 있는 가지로서 예수님을 떠나서는 아무 것도 할 수 없습니다. 예수님 안에 있으면 무슨 일이든 할 수 있습니다.

우리는 대부분 내 힘과 재주로 사역하다가 지치고 힘들어 했습니다. 내 방법으로 내 힘으로 하던 모든 것을 내려놓아야 합니다. 말씀을 가르치는 일이나 복음 전하는 것도 마찬가지입니다. 내 힘과 방법으로 할 수 없습니다. 전적으로 주님의 은혜가 필요합니다. 성령의 역사하심이 있어야 합니다. "나는 할 수 없다. 주님이 도와 주셔야만 가능하다"고 하는 고백이 있어야 합니다. 예수님만이 내 인생의 주인입니다. 주님이 내 마음에 들어오셔서 내 안에서 왕 노릇 하시며, 나를 다스리시고 통치하셔야 합니다. 주님 안에 거하지 않으면 우리의 사역의 열매는 마른 가지밖에 될 수 없습니다. 생명의 근원이신 예수 그리스도가 역사하시면 열매는 저절로 맺게 됩니다. 예수님이 주신 기쁨이 우리 안에 충만히 거하게 될 때 생명운동이 활발하게 시작됩니다. 그리고 생명운동은 예수 그리스도 안에서 성령의 도우심으로 확신 있게 복음을 전하는 것으로 나타납니다. 예수님이 전한 천국 복음은 생명이 역사하는 운동입니다. 생명운동을 통해 하나님의 나라와 하나님의 통치가 확장되는 것입니다.

현대 교회는 예수 그리스도의 십자가와 부활의 복음의 열정이 식어져 있습니다. 초대 교회가 현재와 같은 전도의 도구나 프로그램이 없었음에도 불구하고 복음의 열정으로 뜨거워졌던 것은 무엇 때문입니까? 그들은 예수 그리스도를 주로 고백한 이후 핍박과 어려움에도 불구하고 순교를 각오하고 믿음의 길을 갔습니다. 그들은 예수 그리스도의 죽음과 부활, 승천이후 다시 오실 예수 그리스도의 재림 신앙으로 뜨거웠습니다. 초대 교회는 예수 그리스도의 재림 신앙으로 인하여 뜨겁게 기도함으로 하나님이 약속하신 오순절 성령을 충만히 받아 예수 그리스도의 증인 된 삶을 살았습니다.

초대 교회 역동성 있는 복음 전파의 능력은 오직 예수 그리스도 안에 있습니다. 오직 예수 안에 거하여야 합니다. 나는 죽고 내 안에서 예수 님이 살아역사하여야 합니다. "안 된다", "어렵다"는 생각을 버려야 합니다. 내 생각과 사고의 틀을 바꿔야 합니다. 오직 십자가, 오직 천국 복음입니다. 예수 생명의 능력이 강같이 내 심령에 넘쳐흘러야 합니다. 보혈의 피가 내 심령에 강같이 흘러가야 합니다. 내 심령에 구원의 감격과 평강이 넘쳐흐르면 전도가 됩니다. 내가 기쁨의 통로가 됩니다. 축복의 통로가 됩니다. 전도도 하나님과의 깊은 교제와 기도로 나타납니다. 주님과 교제함이 풍성하면 사랑이 나옵니다. 하나님과 이웃을 사랑하게 됩니다. 이웃을 사랑하게 되면 전도하고자 하는 마음을 갖게 됩니다. 이웃 사랑의 최고봉은 영혼 구원입니다. 영혼 구원은 하나님을 사랑할 뿐 아니라 이웃을 내 몸 같이 사랑하는 것입니다. 전도는 단순히 교회 성장을 위한 방법론이 아닙니다. 전도를 통해 교회 성장을 원하는 것이 목적이 아니라 예수님의 생명으로 충만하여 복음이 흘러넘쳐나게 되면 영혼을 사랑하는 마음을 갖게 되어 교회는 자연스럽게 성장으로 나아가게 됩니다. 영생을 주시기로 작정된 자는 다 믿기에 하나님의 절대적인 주권을 믿고 예수 안에 거하여 전도 명령을 순종하면 하나님께서 믿을 사람들을 다 준비해 주십니다. 하나님 아버지께서 주신 자들을 예수님은 하나도 잃어버리지 않겠다고 약속해 주셨습니다.

본 교재는 예수님과 바울 사도의 전도 방법을 통해 어떻게 하면 성경적인 전도 방법을 생활에서 순종하는가에 있습니다. 예수님은 이 세상에 가장 위대한 전도자입니다. 이 세상에 오신 최초의 선교사이십니다. 예수님의 생명운동, 천국 복음 운동은 바울과 사도들이 바톤을 이어받아 온 세상에 전해지는 역사가 나타났습니다. 오늘 우리도 예수 그리스도의 십자가와 부활의 복음, 생명의 복음운동을 순종해야 합니다.

우리는 이제까지 구원의 은혜를 베풀어 주실 뿐 아니라 목회 현장에서 붙들어 주시고 오늘까지 인도하신 하나님께 감사하며 낙심하지 않고 소망을 가지고 복음 전파에 힘을 기울여야 합니다. 전도는 하나님이 가장 기뻐하시는 사역입니다. 죄인이 구원받게 하기 위하여 예수님을 이 세상에 보내신 것입니다.

또한 전도는 양육과 함께 가야 합니다. 교회에 데리고 오는 것만이 전도가 아니고 거듭남과 구원의 확신, 죄 사함을 받고 점차로 그리스도를 닮아가는 제자로 양육하여야 합니다. 소그룹을 통한 제자 양육을 통해 하나님 말씀과 신학에 정통한 신자를 길러내야 합니다. 말씀과 기도의 중요성과 기쁨을 누리게 하여 섬김과 나눔의 삶을 살게 하여야 합니다.

얼마나 많은 사람을 전도했느냐가 중요한 것이 아니고 얼마나 그리스도를 닮은 성숙한 신자를 만드느냐가 더 중요합니다. 성숙한 신자로 훈련을 받게 되면 사명자가 되어 영혼을 구령하는 하나님 나라의 확장에 쓰이는 도구가 됩니다. 전도한 새신자를 교회의 핵심 멤버로 정착시키고 교회의 소속감을 갖게 하여 본인도 복음 전파하는 그리스도의 제자로 삶을 살게 하는 일꾼을 만드는 것은 개 교회 성장과 부흥에 중요한 요소가 됩니다.

이 교재를 통해 은혜 받고 힘을 얻으셔서 모두가 영혼 구원에 최선을 다할 뿐 아니라 하나님 나라를 확장하는 도구에 쓰임 받는 참된 일꾼을 길러 하나님께 영광을 돌리는 여러분 모두가 되시기를 기원합니다.

1부

하나님 나라의 생명운동

01

현대 교회 진단

"예수께서 이르시되 내가 다른 동네들에서도 하나님의 나라 복음을 전하여야 하리니 나는 이 일을 위하여 보내심을 받았노라" 눅 4:43

세계가 부러워할만한 교회 성장을 가져왔던 한국 교회는 점차로 내리막길을 가고 있다. 교회에 대한 부정적인 시각과 함께 전도에도 많은 어려움을 겪고 있다. 우리가 살고 있는 현실은 엄청난 정보와 인터넷과 매스컴의 발달로 인하여 세계가 한 지붕 안에 살고 있으며 하루가 다르게 세상이 변화하고 있다. 그런 의미에서 우리의 목회 현장을 분석하고 바르게 이해하고 우리 사회의 흐름을 확인하며 미래를 보는 안목을 가져야 한다. 무턱대고 교회가 성장해야 한다. 무조건 전도해야 한다 하고, 열정만 가지고 "믿사오니" 하고 나가면 안 된다. 정확하고 확실한 진단과 함께 성경적 관점에서 하나님 나라와 예수 그리스도의 생명의 복음을 어떻게 이루어 나갈것인가를 하나님의 주권적 계획 속에서 미래를 바라보며, 교회마다 효과적인 대안을 가진 전도 전략이 필요하다. 뱀같이 지혜롭고 비둘기 같이 순결해야 하며, 시대를 보는 눈이 있어야 한다. 예수님께서도 너희가 날씨는 분별할 줄 알면서 시대의 표적은 분별하지 못하느냐고 하셨다. 현재를 바르게 진단하고 이에 대한 대처를 통해 전도와 선교에 대한 하나님의 뜻을 찾아가야 한다.

01 세속화된 신앙

비신자들은 하나님과 성경을 믿기보다는 교인들의 신앙과 인격을 먼저 본다.

그러나 교회의 직분자들 조차도 본래의 사명을 잃어버린 채 세상의 '복'만 추구하는 기복주의, 인격의 변화 없는 신비적 감정주의, 물량주의 등으로 세속화 된 실정이다. 소금과 빛이 되라는 예수님의 말씀을 순종하여 선한 행실을 통해 하나님께 영광을 돌려야 하는데 그렇지 못한 현실로 인하여 전도가 막히고 있다. 예수님은 죄인들을 무시하거나 정죄하지 않으시고 존중과 사랑으로 대하셨으며 무리를 불쌍히 여기셨다. 하나님이 예수님을 세상에 보내신 것처럼 또한 그 분을 믿고 순종하는 신자들을 세상에 보내신다.

신자는 직접 거리에 나가서 전도를 하지 않더라도 가정, 직장이나 학교 등에서 참된 그리스도인의 삶을 보여주어야 한다. 자신이 머무는 자리로 부터 예수 그리스도의 생명력이 흘러가야 한다. 있는 자리에서 하나님의 주권을 인정하고 그리스도안에 풍성함이 충만하여 하나님의 영광을 드러내야 한다. 총체적인 삶의 모습에서 증인의 삶을 보여주어야 한다. 삶의 모든 영역이 소명이며 삶 자체의 모습이 전도와 선교로 연결되어야 한다. 자기가 가지고 있는 은사를 통해 간접적으로 하나님을 높이 드러내는 것도 전도이다. 가정에서 가사일과 자녀들 돌보는 것도 생활 속에서 전도하는 것이다. 예수님을 만난 사람들은 인생의 문제를 100% 해결 받는다. 대표적 인물이 세리장 삭개오이다. 삭개오를 구원하기 위하여 찾아오신 예수님은 그의 죄 문제 뿐 아니라 하나님과 관계, 자신, 사람, 물질관의 문제를 해결해 주셨다. 복음 전파는 영혼 구원뿐 만이 아니라 죄 사함 받아 의롭게 됨, 귀신 쫓아냄, 병 고침, 물질 문제, 인간관계 해결 등 모든 문제가 해결되는 역사가 나타난다.

  예수 생명의 풍성함을 누리는 전도는 인생에 얽히고 얽힌 문제를 풀어 주는 지상 최대의 good news 이다. 이것이 복음 중에 복음이다. 세상 사람들을 불러 예수 생명의 복음을 통해 죄 사함과 의롭다 하심을 받아 하나님의 통치를 받게 하는 하나님 나라 백성을 만드는 일을 하는 것이다. 그리스도 안에 새로운 피조물이 되게 하여, 신령과 진정으로 예배하는 자를 만들어, 그들을 통해 하나님께 영광 돌리게 하여야 한다.

02 부정적인 사고방식이 팽배함

분주하게 돌아가고 있는 세상 속에서 전도한다는 것은 결코 쉬운 일이 아니다. 그러나 기도하며 하나님의 도우심을 구하면 하나님은 능력으로 역사하신다. 목회자들 사이에도 전도가 "어렵다" "안 된다" "그저 우리 형편대로 하면 된다"라고 변명하며 한 영혼을 구하는 일에 전력을 다하지 않는다. 이제 마음을 새롭게 할 때이다. "그리스도 안에서 무엇이든지 할 수 있다"라는 창조적이며 긍정적인 마음 자세를 가져야 한다. 무릇 지킬 것이 많지만 마음을 지켜야 한다. 생명이 마음 지키는데서 나온다 잠 4:23. 한 영혼을 구령하는 것은 하나님이 가장 기뻐하시는 일이다. 하나님 보시기에 한 영혼은 온 천하보다 귀하다. 한 영혼이 주께 돌아오면 천국에서 잔치가 벌어진다. 바로 그 한 영혼 한 영혼들을 구원하시려고 예수님이 십자가에서 죽으시고 부활하셨다.

03 종교 다원주의(Religious pluralism)의 영향

포스트모던 시대가 도래하면서 과거의 전통과 기독교신앙의 절대가치가 무너지고 있다. 근본이 무너지고 있는 것이다. 이제 다양성을 인정하고 받아들여야하는 시대가 되었다. 포스트모던 시대에 영향을 안 받은 것이 없다. 정치, 문화, 경제, 예술, 음악 등 다방면에 영향을 끼쳤다. 하나님의 창조와 성경 계시가 절대적이었던 것이 포스트모던 시대에 들어와 "모든 종교는 서로 다른 구원 체계를 가지고 있기 때문에 절대적 종교란 있을 수 없고 기독교 이외의 모든 종교에도 구원의 길이 있다. 기독교는 절대자에게 이르는 길 중의 하나일 뿐이다"라는 주장이다. 이런 사회적 기류에 의하여 전도가 더욱 어려워졌다. 또한 전도를 통해 예수 믿으라고 하면 안 되며 공적인 자리에서 기독교 신앙을 이야기해도 안 되는 형편에 이르렀다. 이런 기류에 따라 전도가 더욱 어려워 졌다. 그런 의미에서 바울 사도의 상대방에 따라 맞춤형 접촉은 우리가 배워야 할 방법이기도 하다. 모든 인간에게는 영원을 사모하는 종교성이 있기에 종교의 다양성은 인정한다. 그러나 성경은 "천하 인간에 다른 이름으로 구원을 받을 수 없다"고 하셨으며, "예수님은 길이요 진리요 생명이니 나로 말미암지 않고는 하나님께로 올 수 없다"고 말씀하셨다. 우리를 위하여 십자가에서 죽으시고 부활하신 예수그리스도만이 이 세상에 유일한 구세주이시다.

바울 사도는 고린도전서 9장 20절에서부터 보면 유대인들에게는 유대인같이 되었으며, 율법 없는 자에게는 율법 없는 자 같이 하였고, 약한 자에게는 약한 자 같이 된 것은 약한 자들을 얻기 위함이라고 하였다. 여러 사람에게 여러 모양이 된 것은 아무쪼록 몇 몇 사람을 얻고자 함이라고 하였다. 전도 대상자가 어린아이, 청소년이라면 저들의 눈높이에 맞추어 접근하여야 한다. 또한 21세기는 고령화된 사회가 되었다. 평균 수명이 늘어남으로 인하여 노인들에 대한 전도가 효과적으로 필요한 시대이다. 노인 전도는 우선적으로 대화의 상대가 되어주고 저들과 함께 있어줌으로 인하여 신뢰의 기회를 만들어 가야 한다. 노인들은 대부분이 외로워하고 있으며 자신과 말벗이 되어 줄 사람을 찾고 있다. 노인들을 이해하고 인내하며 사랑할 수 있는 마음을 가질 때 전도가 이루어지게 된다. 상대방에 대한 눈높이를 갖고 하면 전도의 가능성은 더 높아져 가게 된다.

04 큰 교회로 쏠리는 현상으로서 수평 이동 증가

큰 교회는 세련된 예배와 다양한 프로그램으로 인하여 교인들의 욕구를 충족시키는 여러 행사에 참여할 수 있다. 준비된 커리큘럼에 의해 자녀들 교육에 대한 열망도 채워질 수 있다. 대부분의 부모들은 자녀 교육에 대단한 열정을 갖고 있다. 심지어 어떤 부모들은 자신들은 교회를 안다녀도 자녀들만 교회에 보내는 경우도 있다. 규모가 작은 교회는 부담이 된다는 인식과 함께 이런 저런 이유로 작은 교회를 다녔던 분들이 편하고 부담 없는 대형 교회를 선호하며, 큰 교회를 찾아 수평 이동을 한다. 큰 교회는 나름대로 선교도 더 많이 할 수 있으며 양질의 프로그램을 진행할 수 있다. 그러나 이제는 구경하는 관람객 교인이 아니라 예수 그리스도 안에서 구원의 확신을 가진 예수님의 제자를 만들어내야 한다. 기도의 일꾼, 말씀에 전적으로 순종하는 일꾼, 영혼 구령을 기쁨으로 순종하는 사명자가 필요한 때이다. 예수님은 추수할 것은 많지만 추수할 일꾼이 부족하다고 하셨다. 교회 성장이나 부흥의 관점으로 전도하게 되면 나중에 지치게 된다. 한 영혼에 집중하다 보면 교회 부흥과 성장은 따라온다. 한 영혼에 초점을 맞춰야 한다. 한 영혼에 집중하여야 한다. 전도는 명령이다. 순종하면 하나님이 역사하시고 성령의 능력이 임하신다. 내가 평안의 복음을 전하여 받으면 그 평안이 그 사람에게 머물고 안 받으면 빈 평안이 나에게 온다 마 10:13. 전도는 성공 실패가 없다. 전도 명령에 순종하였다면 성공한 것이다. 그런 의미에서 한 명의 교인을 예수님의 참된 제자로 만드는 일은 참으로 중요한 사명이다. 두 세 사람이 내 이름으로 모인 곳에 예수님이 그들과 함께 하여 주신다고 하였다 마 18:20.

05 전도 방법의 문제와 초대 교회 신앙

어떤 단체에서 한국인이 교회 다니지 않는 이유를 조사했더니 첫째 이유가 상대방을 무시하고 독선적인 것, 신앙 인격이 훈련되지 않았으며, 강압적이며, 율법적으로 강요한다는 것이 문제라고 지적 하였다. 물론 맞는 말도 있지만 교회가 주의하여 귀를 기울여야 할 말이다. 독선적인 전도, 극단적인 종말론을 믿는 사람들, 그리고 예수 천당, 불신

지옥 또는 베리칩은 666이다 베리칩을 받으면 지옥간다 라고 외치며 극단적인 종말론을 주장하는 사람들 때문에, 전도는 오히려 종교 공해를 일으키며 반감을 사고 있다. 지금처럼 신자가 소금과 빛이 되지 못하는 현실에서 무조건적이고 강압적인 전도방법은 오히려 전도가 막히는 현상을 초래하고 있다. 이런 공격적인(aggressive) 전도 방법은 오늘날의 실정에 오히려 역효과를 낼 뿐이다.

인간관계를 잘 맺으며 친밀함(intimacy)을 통해 전도하는 것이 매우 바람직한 전도 방법이다. 전도의 전문가들은 전도 대상자와 지속적으로 밀접한 관계를 맺으며 그들을 위하여 기도하면서 깊은 관심과 사랑으로 대하여야 한다고 조언한다. 전도 대상자가 전도자를 신뢰하면 할수록 전도의 열매는 맺어지게 되어 있다. 초대 교회는 가정을 중심으로 모였고, 가정을 중심으로 교제하며 신앙생활을 하였다. 초기 그리스도인들의 공동체 생활은 당시에 많은 사람들에게 놀라운 영향을 끼쳤다. 초대 교회는 고대 사회나 유대교 안에서 볼 수 없는 특징을 가지고 있었다. 노예나 주인, 유대인이나 이방인, 부자나 가난한 자, 남자와 여자가 함께 모여 식탁을 중심으로 서로 교제하고 참 사랑을 나누는 모습은 세상 어디에서도 볼 수 없는 모습이었다. 가난과 전염병, 여러 가지 재난이 많은 당시의 사회에서 그리스도인들이 어려운 지역 공동체를 섬기는 모습은 별과 같이 빛났다. 그들은 그리스도의 사랑으로 뜨거워져서 그 띠로 하나가 되었으며 그 사랑이 자연스럽게 흘러넘쳤다. 그 사랑으로 인하여 핍박도, 죽음도 두려워하지 않고 섬기며 사랑하는 생명 공동체 생활을 통해 변화된 모습을 보며 감동을 받았기에 전도의 열매가 맺혀진 것이다. 그리스도의 풍성한 생명력이 차고 넘침으로 그들은 자연스럽게 식탁의 교제와 사귐을 통해 감동을 주며 온 백성에게 칭찬을 받았기에 하나님께서 구원받는 사람을 날마다 더해주시는 은혜를 체험한 것이다 행 2:47.

06 전도와 선교가 함께 가야 한다.

오늘날 자기가 살고 있는 지역에 대한 관심보다 제 3세계 등에 많은 관심을 갖고 있다. 개 교회마다 선교에 대한 열심은 참으로 중요하다. 그런데 지역 전도는 좁은 의미로 해석하고 지역 전도 보다 해외 선교에 더 비중을 두는 교회들도 있다. 지역 전도와 해외 선교는 떨어질 수 없는 관계이다. 전도가 심장이면 선교는 몸과 같다. 심장은 온 몸에 피를 공급하며 생명력을 돌게 하는 공급원이다. 심장의 힘찬 박동 없이 몸은 움직일 수 없다. 베드로가 유대인을 위한 선교의 문을 열게 됨으로 사도 바울이 이방 선교에 대한 커다란 역할을 감당할 수 있었다. 전도와 선교는 함께 가는 것이다. 일반 평신도가 지역에서 전도하는 것이나 선교사가 언어와 문화가 다른 지역에서 선교하는 것은 모두가 하나님 나라를 확장하는데 똑같이 귀한 도구이다. 지역 전도에 대한 열정이 해외 선교도 더욱 활성화시킨다. 교회의 부흥은 선교에도 부흥을 가져온다. 교회가 잘 되어야 해외 선교 사명도 힘차게 이루어질 수 있다.

07 목회자의 이중직 증가이다.

목사는 하나님을 위해 부름 받고 신학교에 입문하여 3년 내지는 7년의 과정(Master of Divinity)을 마치고 고시를 거쳐 정식 목사로 사역하게 된다. 교단마다 신학교를 통해 많은 교단 목사들이 배출되고 초교파 출신의 목회자들도 많이 배출되고 있다. 매년마다 수천 명의 신학교 졸업생들이 배출되다 보니 수요와 공급의 원칙에 의해 많은 목회자들이 풀타임으로 사역하는 교회도 쉽게 찾을 수 없을 뿐 아니라 대형 교회 집중 현상이 점차로 뚜렷해짐으로 소형 교회가 생존하기가 어려운 현실이 되어 가고 있다. 사역지가 없는 상태에 많은 목회자들이 목사 일을 그만 둘 수밖에 없고 목사직을 가지고 있으면서 스스로 생활비를 해결하는 상황에 이른 것이다. 사실 목회는 하나님의 은혜 주심과 전적으로 붙들어 주심이 아니면 감당할 수 없다. 말씀 준비와 기도에 많은 뒷받침이 되어야 하며 목회자가 모든 정력을 다 쏟아 부어도 보장이 없는 것이 목회이다. 풀타임으로 전력투구를 하여야 하는데 주중에 다른 직업을 가지고 일하다가 주말에 설교 준비만 하고 사역한다면 우리의 목회는 갈수록 더욱 어려워 질 것이다. 하나님은 우리가 얼마나 많은 숫자의 목회를 했느냐 묻지는 않으시지만 한 영혼을 귀중히 여기며 하나님 나라 복음 운동에 목숨을 걸고 최선을 다하는 사역자들에게 착하고 충성된 종아 네가 적은 일에 충성하였으매 내가 많은 것을 네게 맡기리니 네 주인의 즐거움에 참여하게 되리라고 말씀하신다.

08 차세대 사역(Next generation)의 중요성과 접근

신앙의 선진들과 부모님들을 통해 신앙 전수를 이어 받은 1세대들은 신앙적 유산을 이어받으려고 노력하며 오늘에 이르렀다. 그러나 차세대로 신앙적 유산이 제대로 계승되지 못하는 오늘의 문제는 참으로 심각하다. 차세대들은 기성세대와 다른 문화, 경제, 정치, 교육적 배경이 다른 환경에서 자라났기에 기성세대들과 다른 가치관을 가지고 있다. 차세대에 대한 신앙적 계승이 이루어지지 않을 뿐 아니라 저 출산으로 인하여 주일학교 교육이 점차로 약화되고 있는 오늘의 한국 교회는 미래가 암담한 실정에 이르게 되었다. 차세대에 대한 선교적 마인드를 가지고 접근하여 그들의 문화와 언어 등을 이해하는 것이 참으로 중요하다. 특별히 젊은 청년들은 페이스북과 인스타그램 등 SNS를 통해 소통하는 것을 즐기고 있다. 요즈음은 SNS를 하지 않는 청년들이 없다. 장년들도 점차로 많이 사용하는 시대가 되었다.

엄호섭은 "예수님께서 21세기 국경을 초월한 정보 산업 사회에 오셔서 복음을 전하신다면 여러 통신 매체(컴퓨터, 인터넷, 이동 전화 등)를 사용하실 것이다. 정보 산업 사회에 사람들이 가장 많이 모이는 곳은 학교도 아니고 시장도 아니며 백화점도 아니다. 꿈의 활동 무대인 가상 공간이다. 한국 전체 1600만 가구 중 91퍼센트가 인터넷을 이용하고 있으며, 따라서 하루 평균 5시간 이상을 컴퓨터와 생활하는 시대가 도래하였음을 말해 주고 있다. 인터넷 선교는 청소년들과의 가상공간에서 만나는 주요한 매개체 역할을 한다. 청소년들이 만들어 놓은 개인 홈 페이지를 찾아 전도 편지 등을 띄어 선교를 하는 것도 바람직한 방법이다. 네트워크란 통신망, 그물망을 의미하는 정보 산업의 용어이다. 네트워크 사역이 하나님이 성도들에게 허락하신 은사들이 모두 그물망처럼 서로 연결되어서 평신도의 잠재력을 극대화시키게 하는 사역의 대전환이자 가히 21세기 목회 사역을 통째로 짊어지고 나갈 견인차로 여겨진다."라고 하였다.

사이버 세계는 새로운 선교지로서 자리 잡아 가고 있으며 청소년들에게는 무한한 전도 접근 방법이다. 물론 어른들도 마찬가지이다. 교회의 각종 행사와 모임을 만들어 놓은 웹 사이트에 들어가 글과 유투브에 설교와 교회 활동 등에 대해 올리면서 저들과 대화를 할 수 있는 자리를 만들어 가야 한다. 교회의 상황과 중보기도, 모임, 상담과 치유, 신앙생활에 도움이 되는 카페 활동을 통해 전도와 선교를 확대해 갈 수 있다. 시대 흐름에 따라 교회 소개를 하며 자연스럽게 만나는 사역 방향이 함께 이뤄지면 청년과의 접촉점을 갖게 되고 이들의 필요도 알 수 있으며 자연스럽게 예수 그리스도의 복음을 전하며 교회를 소개할 수 있게 된다.

09 참된 복음이 전해져야 한다.

Un Churched(교회 없는 신자)와 De Churched(가나안 성도)가 갈수록 증가하고 있다. 2017년 통계에 의하면 청년층 28%가 가나안 성도라고 하였다. 교회 없이 신앙생활하며 심지어 자기네들끼리 모임을 갖는 경우도 있다고 한다. 이런 저런 이유로 교회를 안 나가는 교인들 즉 가나안 신자들이 많아지고 있다. 교회 안에 물질 중심의 세속주의뿐만 아니라 세상에서 잘되기만 하면 된다는 자기중심의 기복 신앙, 섬기는 자로서의 사명이 아니라 직분을 계급으로 인식하는 신자들과 성장 위주의 교회 운영 등은 많은 신자들이 교회를 떠나는 원인이 되었다. 윤리적이거나 심리적인 설교와 영과 육신을 분리하는 이원론적인 신앙, 기복주의와 물질 중심의 맘몬주의적인 내용들 등 설교의 상당부분이 인간을 위로하거나, 인간을 유익하게 하는 말들로 채웠거나 세상적으로 잘되고 성공하는 것이 예수 믿는데 큰 축복을 받은 것이라고 설교를 많이 해왔다. 성경 말씀을 근거한 바른 복음이 전파되지 않음으로 세속화된 신앙으로 인하여 교회를 불신하게 되고 전도의 문이 막히게 되었다.

교회의 강단에는 사람의 귀를 즐겁게 하고, 그들의 종교성을 충족시키는 인본주의적 설교들이 가득 차게 되었다. 이것이 거짓 신자를 양산하며, 많은 성도들을 이단의 미혹에 넘어가게 만드는 원인이 되었다. 누구를 탓해서도 안 된다. 내가 잘못 전했고 잘못 믿었기 때문이다. 강단의 권위, 말씀의 권위, 심령의 가슴을 찢는 회개 운동, 전인적인 회심, 총체적 회심이 필요한 때이다. 기도의 부흥, 말씀의 부흥, 심령의 부흥이 필요한 때이다.

복음 진리에 대한 진지한 관심, 그리스도의 사랑에 대한 감격, 세상의 죄악에 대한 안타까움, 복음 전파자의 눈물, 성령의 열정이 필요하다. 그러나 세상 욕심으로 가득한 시대가 되었다. 사람이 바른 교훈을 받지 아니하며 귀가 가려워서 자기 사욕을 좇을 스승을 많이 둔 시대가 되었다. 딤후 4:3 탐심이 우상 숭배가 되었다. 맘모니즘, 물질 우상, 쾌락 우상으로 마음이 가득 차 있다. 무엇보다 자기가 우상인 시대이다. 내가 우상인 것이다. 예수님이 주가 아니고 예수님이 왕이 아니고 내가 왕이 된 시대이다. 이런 나를 십자가에 못 박아야 한다. 정욕적인 나를 십자가에 못 박아야 한다. 자기를 날마다 부인하고 자기 십자가를 지고 예수님을 쫓아가야 한다. 이런 시대에 예수 그리스도의 십자가와 부활의 복음을 바르게 전함으로 예수 그리스도를 닮아가는 예수님의 제자를 만들어 하나님을 사랑하고 이웃을 사랑하는 참된 신자가 되어 세상에 소금과 빛이 되어 착한 행실을 통해 하나님께 영광을 돌려야 한다.

10 초대교회 경건한 신앙 회복

초대교회가 현대와 같은 발달된 전도의 도구가 별반 없는 가운데서 효율적으로 복음 전파를 순종했던 것은 예수 그리스도를 주로 고백하고(Lordship transfer) 완전히 주인이 바뀌고 전적으로 주님의 통치를 받기 시작하였기 때문이다.

초대교회는 죽음과 부활로 이어지는 재림 신앙으로 뜨거워졌다. 예수 그리스도를 위하여 물질도, 생명도 아까워하지 않았다. 은혜를 체험한 초기 기독교인들은 자신의 재산이나 지위, 심지어 목숨을 잃는 것까지도 두려워하지 않았다.

뉴욕 리디머 교회를 시무하였던 복음주의 목회자 티모티 켈러 목사는 초기 기독교가 폭발적으로 확산된 이유가 1) 사회 변혁, 2) 하나님과 인격적 관계, 3) 영생의 확신이라고 하였다. 그들은 기독교인이 됨으로 인하여 철저히 회심하였으며 술과 도박, 이성 간의 결혼 관계 외에 모든 성행위를 피하였다. 반면 자신의 돈을 사용하는 일에 매우 관대했으며, 가족이나 민족뿐 아니라 가난하고 궁핍한 자들에게 베푸는 일을 하였다. 또한 "기독교 공동체는 다민족으로 구성돼 있었다. 이들이 그리스도 안에서 공유한 정체성은 각자의 민족적 정체성보다 더 근원적이었고, 종교상 전례가 없는 다민족적 다양성을 만들어냈다"며 "기독교인들은 자기 민족을 죽인 원수들이라도 복수하지 않고 용서해야 한다고 믿었다"고 하였다.

또한 창조자 하나님과의 직접적이고 인격적인 사랑의 관계를 제시하였다. "당시 주변에는 신들이 내려 주는 은총을 갈망하는 사람들이 가득했고, 동방 종교들도 각성 경험에 대해 이야기하곤 했다"며 "하지만 하나님과의 실질적인 사랑의 관계는 그 어느 종교에서도 제공되지 않았다. 또한 초기 기독교는 영생의 확신을 가져다주었기 때문이다. 켈러 목사는 "모든 종교는 인간의 노력을 통해 구원을 획득하려는 노력의 산물이었기 때문에, 죽기 전까지는 누구도 영생을 확신할 수 없었다."며 "복음은 행위가 아니라 은혜로, 즉 인간의 행위가 아닌 그리스도의 행위로 구원이 주어진다고 가르치기에, 온전한 구원의 확신을 바로 지금 믿는 사람들이 가질 수 있도록 했다"고 분석하였다.

켈러 목사는 "많은 사람들이 기독교에 끌린 것은 기독교가 '달랐기' 때문"이라며 또 "오늘날 크리스천들이 자선, 관용, 정의, 다 민족성, 평화의 중재자로 그 이름이 널리 알려지고 인식된다면, 수많은 사람들이 주목하지 않겠는가?"라고 하였다.

11 가장 중요한 것은 성령의 역사가 있는 은혜와 말씀의 회복

오늘날 교회가 교회답지 않고 신자의 열성이 식어진지가 오래되었다. 과거에는 말씀을 배우는 열정과 기도의 뜨거움이 넘쳤었다. 설교도 엄청난 홍수의 시대를 맞이하고 있지만 성령의 능력이 없으며 이제 예수 그리스도의 복음 즉 십자가와 부활을 전해도 감격이 사라졌으며 복음을 전하고자 하는 마음도 냉랭해졌다. 복음 설교를 전하는 것도 힘들어하고 복음 설교를 들어도 우리를 어린아이 취급할 정도로 심각한 영적인 타락에 빠져 있다. 겉으로 볼 때 뜨거운 것 같지만 뜨거움이 없고 난로는 있지만 불이 점점 식어가는 상황이 되었다. 경건의 모양은 있지만 경건의 능력을 상실했다. 말씀을 전하지만 성령의 역사가 없고 신자의 신앙은 점점 타성에 젖어가고 있다. 강단의 권위가 상실해 가고 있다. 기도와 말씀의 영성이 식어져 갈 뿐 아니라 전도의 경우는 더욱 심각해졌다.

요즘 현대병 중에 가장 심각한 성인병이 비만이다. 비만은 먹는 양에 비해 운동량이 적을 때 걸리는 병이다. 많은 그리스도인들이 다양한 프로그램과 세미나에 참여하여 지식수준이 많이 성장되었다. 그렇게 축적된 성경 지식을 전도에 사용하지 않는다면 신앙생활이 결코 건강하지 않을 것이다. 교회 공동체의 모든 사역의 목적은 전도에 맞추어져야 하며 열매는 전도로 나타나야 한다. 그래야 교회 공동체가 살아나고 생명력이 넘치게 된다. 세상에서 악인이 날뛰는 것 보다 더 무서운 일은 그리스도인들이 복음을 말하지 않고 침묵하는 일이다. 진리를 아는 자가 진리를 모르는 자 앞에서 침묵하는 것은 죄악이다.

오히려 이단들은 자기네가 복음이라고 하며 목숨을 걸고 있지만 실제로 복음을 전하는 자들을 찾아보기 어려운 실정이다. 아무리 전해도 또 전하고 싶고 들어도 또 듣고 싶은 것이 바로 복음이다. 복음을 가슴으로 전하면 반드시 성령이 역사하신다. 성령과 큰 확신으로 전하여야 한다. 성령의 역사에 민감하여 성령의 감동을 받을 때 복음의 감격이 식지 않을 뿐 아니라 날마다 새로워지게 된다. 성령의 능력으로 전달되는 복음은 마른 뼈들을 살아 있는 군대로 만드는 부활의 능력이기 때문이다 겔 37장. 그리스도의 복음이 흘러가는 곳마다 모든 것이 살아난다. 과실나무마다 새 열매를 맺게 하고 그 잎사귀마다 약재료가 되는 생수가 된다 겔 47장. 복음의 감격은 결국 그리스도를 사랑하고 사모하여 살든지 죽든지 그리스도를 존귀하게 하고자 하는 마음이다 빌 1:20. 그리스도의 사랑이 불같이 그 마음속에 타고 있을 때 그 사랑을 전하지 않을 수 없는 삶을 살게 된다. 복음의 감격이 설교로 표출될 때 신자는 회심과 성화의 변화가 생명으로 나타나게 된다.

바울은 아테네에 우상이 가득한 것을 보고 마음에 분함이 있었다 행 17:26.

바울은 예수님을 모르고 하나님을 섬기지 않고 우상을 섬기는 모습을 볼 때 그 마음에 심한 고통을 느낀 것이다. 성령의 역사를 강하게 느끼며 말씀을 전한 설교자는 세상의 불신앙과 죄악을 볼 때 애통함이 있다 마 5:4. 설교 강단에 눈물과 불신 세상에 대한 애타는 마음과 답답함으로 인하여 눈물을 흘려 보았는가? 성령의 감동으로 불신 세상에 대한 안타까움, 답답함이 있는가? 예수님은 십자가를 지시기 전에 나를 위하여 울지 말고 너와 너희 자녀를 위하여 울라고 말씀하셨다. 바울 사도는 예루살렘에서 3년이나 밤, 낮 쉬지 않고 눈물로 각 사람을 훈계하였다. 그러나 현대는 눈물이 메말랐다. 눈물이 그리운 시대이다. 설교자의 마음이 냉담해져 있으니 어떻게 복음의 열정이 타오를 수 있겠는가?

존 스토트(john Stott)는 "기독교인이 전도하지 않는 것은 기독교인들이 말해야만 할 것이 분명하지 않거나 또는 확신하지 못하기 때문이다. 말할 것이 아무 것도 없기 때문에 침묵을 지킨다. 복음에 대한 지식이 부족하거나 복음의 진리에 대한 확신 둘 중에 하나가 결핍되어 있기 때문이다"라고 하였다. 신자와 교회가 구원과 신앙의 체험이 분명하다면 복음 전도의 명령에 순종한다.

> **마 9:36-38** "무리를 보시고 불쌍히 여기시니 이는 그들이 목자 없는 양과 같이 고생하며 기진함이라 이에 제자들에게 이르시되 추수할 것은 많되 일꾼이 적으니 그러므로 추수하는 주인에게 청하여 추수할 일꾼들을 보내주소서 하라 하시니라"

예수님은 무리를 보시고 불쌍히 여기셨다. 여기서 불쌍히 여기셨다는 말씀은 창자가 끊어지는 고통으로 무리를 보셨다는 것이다.

이와 같이 능력과 성령과 큰 확신으로 복음을 전하여야 한다 **살전 1:5**. 성령의 역사하심을 따라 큰 확신으로 복음을 전하면 반드시 회심과 성화의 변화가 이루어진다. 사람들이 바뀌게 된다. 전인적 변화가 이루어진다. 오늘날의 교회가 기도와 말씀, 생명 구원의 열정이 식어지는 것은 말씀 사역자에게 달려 있다고 봐야 한다. 설교자가 복음에 대한 확신, 그리스도 안에서 성령의 능력으로 전할 때 반드시 교회와 신자가 살아날 수 있다. 처음 은혜, 첫 사랑을 회복하고 예수 생명의 복음이 나로 충만하여 흘러 넘쳐나게 되면 반드시 교회는 살게 되어 있다. 기도를 계속하고 기도에 감사함으로 깨어 있으면 반드시 전도의 문이 열리게 된다 골 4:2.

> ❂ **소그룹 말씀 나눔과 적용**
>
> 1. 신앙의 첫 사랑을 회복되어야 전도 운동이 힘차게 일어난다. 처음 은혜, 처음 사랑을 체험한 적은 언제인가? 사명자로 부름 받았을 때는 언제인가?
> 2. 오늘날 위에서 언급한 내용 이외에 전도가 안 되는 이유가 무엇인가?
> 3. 예수님은 추수할 것은 많지만 추수할 일꾼이 부족하다고 하였다. 이 시대 어떻게 전도자를 만들어야 하는가?

02

하나님 나라와 구속사

"양은 그 오른 편에 염소는 왼편에 두리라 그 때에 임금이 그 오른편에 있는 자들에게 이르시되 내 아버지께 복 받을 자들이여 나아와 창세로부터 너희를 위하여 예비 된 나라를 상속 받으라" 마 25:33-34

01 하나님 나라의 시작과 인간의 타락

성경은 하나님 나라를 중심한 하나님의 구속 역사와 언약의 약속과 성취를 다루고 있다. 나라를 설명할 때 세 가지가 있다. 주권과 국민, 영토로서 주권을 가진 하나님은 에덴동산을 창설하시고 인간과 언약을 맺었다. 에덴동산은 하나님 나라의 최초의 모습이며 모형이다. 하나님 나라는 창세 때부터 예비 된 것이다 마 25:24. "창세로부터"라는 원어의 의미는 "From the foundation of the Cosmos"라고 하여 "온 우주를 만드는 때 부터"라는 뜻이다. 즉, 예수님의 이 말씀은 하나님께서 우주

또는 세상을 만드신 이유는 하나님 나라를 세우기 위함이었음을 알려주고 있다. 하나님께서 만물을 창조하시면서 하나님이 그들과 함께 계시는 것이며 그들은 하나님의 백성이 되고 하나님은 친히 그들과 함께 계셔서 오직 생명과 복과 선함과 은혜를 무한하게 베푸시고자 한 것이다. 이를 위해 피조물의 대표자인 인간의 왕이 하나님과의 언약을 지킬 때 하나님의 세계는 피조물의 세계와 하나가 되는 것이다. 그렇게 될 때 하나님은 맘껏 피조물의 대표자를 통해 모든 만물에 무한한 축복과 은혜를 베푸시고자 하신 것이다. 즉, 하나님의 나라는 피조물을 향하신 하나님의 무한한 축복과 은혜와 선함이 영원히 나타나는 영역을 말한다. 창조주이며 주권자인 하나님으로서의 통치가 있고, 만물의 대표자인 사람을 통한 통치가 있다. 성경이 말하는 하나님 나라는 반드시 피조물의 왕이 있어야 하고, 피조물이 서 있는 땅이 있어야 하며, 하나님이 피조물의 대표와 세우는 언약이 있어야 하고, 그 언약을 완벽하게 따르는 왕과 백성이 있어야 한다. 에덴동산은 하나님이 주인이시고, 하나님의 통치를 드러내며, 인간을 하나님의 형상으로 창조하시며, 하나님의 대리 통치자로, 대행자로서 모든 만물을 다스리며, 생육하고 번성하도록 창조하셨다.

하나님 나라는 하나님의 경륜과 계획 속에서 진행된 분명한 목적으로 진행되어 왔던 것이다. 하나님 말씀에 불순종하여 에덴동산에서 쫓겨나 타락된 인간은 하나님과 인간, 인간과 인간, 인간과 자연과의 관계가 분리되어 진 것이다. 죄는 이러한 분리(seperate)를 가져 온 것이다. 그런 의미에서 하나님 나라는 우리가 이루고 우리가 확장하는 것이 아니고 하나님의 은혜로 주시는 것이며, 우리는 받는 것이다. 하나님의 주권으로 오는 것이며, 하나님의 은혜로 이 나라에 들어가는 것이다. 창조주이신 하나님께서 말씀으로 당신의 통치를 드러내셨지만, 아담과 하와는 하나님의 통치를 거부하고 말씀을 불순종하여 범죄 함으로 하나님과의 관계를 깨트려 버렸다. 이것은 창조주 하나님의 통치를 거부하고 불순종한 인간 스스로가 하나님이 되어버린 사건이다. 왕이신 하나님의 통치를 거부하고 자기가 스스로 왕이 된 것이다. 주인이 하나님이 아니고 인간의 자아가 왕이 되어 버렸다. 자기가 왕이고 자기가 하나님이 된 것이다.

하나님의 나라의 모형이었던 에덴의 축복은 세상으로 퍼지지 못하고 감추어졌고 도리어 이 세상은 죄와 사망과 사단이 지배하는 영역이 되어 버렸다. 아담은 피조물의 왕으로 있으면서 하나님의 뜻에 순종하여 온 세상을 다스리기보다 도리어 사탄의 편에 서서 하나님께 반란을 일으켰다. 아담의 실패로 인하여 정반대가 되었다. 도리어 이 세상은 죄와 사망과 사단이 지배하는 영역이 되어 버렸다. 이에 동물계를 비롯한 모든 피조물에 저주가 임하였고, 무질서와 신음과 고통과 저주가 온 세상에 나타나게 되었다.

그러나 하나님은 창세로부터 뜻하신 하나님의 나라를 포기하실 수 없었다. 따라서 하나님은 인류의 역사를 끝내지 않으시고 계속 이 땅에 하나님의 나라를 세우시려는 구원 역사를 멈추지 않으셨다.

"내가 너로 여자와 원수가 되게 하고 네 후손도 여자의 후손과 원수가 되게 하리니 여자의 후손은 네 머리를 상하게 할 것이요 너는 그의 발꿈치를 상하게 할 것이니라 하시고" 창 3:15 라고 말씀하셨다. 여기서 여자의 후손으로 오신 예수 그리스도께서 십자가에서 부활하심으로 사탄의 머리를 깨트리실 것을 예언하신 것이다. 이것이 바로 원시 복음이다(Principle Gospel, Mother's Covenant).

02 인간 타락의 결과와 하나님 나라 복음 예언

자연계를 비롯한 모든 피조물에 저주가 임하였고 인간은 태어날 때부터 죄악 중에서 출생하였으며 시 51:5, 생각하는 것이나 사람의 마음이 계획하는 바가 어려서부터 악하였으며 창 8;21 만물보다 거짓되고 심히 부패한 것이 인간의 마음이어서 렘 17;9 인간은 전적으로 타락된 인간이 되어 버린 것이다(Total Depravity). 무질서와 신음과 고통과 저주가 온 세상에 나타나게 되었다.

하나님은 노아를 통해 옛 세상을 쓸어 버리셨으며, 나아가 아브라함을 통해 믿음의 자녀들을 낳기 시작했다. 그리고 야곱을 이스라엘로 삼아 큰 민족을 이루게 하셨다.

모세를 통해 출애굽을 하게 하신 하나님은 이스라엘 백성과 친히 언약을 맺으셨다. 나는 네 하나님이 되고 너희는 내 백성이 되어 주시겠다고 하셨다. 즉 하나님께서 언약을 맺은 당사자로서 친히 아버지 노릇을 해주신다고 하신 것이다.

출 19:5-6 "세계가 다 내게 속하였나니 너희가 내 말을 잘 듣고 내 언약을 지키면 너희는 모든 민족 중에서 내 소유가 되겠고 너희가 내게 대하여 제사장 나라가 되며 거룩한 백성이 되리라 너는 이 말을 이스라엘 자손에게 전하라"

이것은 이스라엘 백성으로 하여금 다른 민족을 중재하는 나라가 될 뿐 아니라 왕 같은 권위로 열방을 다스리며 모든 악한 것에서 궁극적으로 승리하는 나라가 되게 하신다는 것이다. 이 말씀은 오늘 예수를 믿어 하나님 나라 백성이 되어 영원한 생명을 얻은 성도들을 가르친다 벧전 2:9.

하나님은 마침내 이스라엘 민족이 다윗 왕조에 이르렀을 때에 하나님의 나라를 다윗 왕의 후손을 통해 세우겠다고 언약하셨다. 나단 선지자의 신탁을 통해 다윗에게 하신 언약은 정치적으로는 아들 솔로몬을 통한 약속이지만 궁극적으로 하나님 나라가 어떻게 이 땅에 영원히 세워질 것인지에 대한 매우 구체적인 예언이었다. 하나님은 마침내 이스라엘 민족이 다윗 왕조에 이르렀을 때에 하나님의 나라를 다윗 왕의 후손을 통해 세우겠다고 언약하셨다. 다윗에게 하신 언약은 하나님 나라가 어떻게 이 땅에 영원히 세워질 것인지에 대한 매우 구체적인 예언이었다.

삼하 7:12-16 "네 수한이 차서 네 조상들과 함께 누울 때에 내가 네 몸에서 날 네 씨를 네 뒤에 세워 그의 나라를 견고하게 하리라 … 네 집과 네 나라가 내 앞에서 영원히 보존되고 네 왕위가 영원히 견고하리라 하셨다 하라"

나단 선지자를 통해 주신 하나님의 다윗 언약은 일차적으로는 다윗의 아들 솔로몬 왕국을 의미하지만 궁극적으로는 창세 때에 하나님께서 뜻하신 하나님의 나라를 다윗의 후손으로 하여금 왕을 세워 영원한 나라로 삼으시겠다는 언약이다. 물론 솔로몬이 하나님께 온전하게 순종하였다면 그의 나라는 오랫동안 지속되었을 것이다. 그러나 솔로몬이 완전하게 하나님께 순종하는 것은 불가능하였다. 도리어 솔로몬은 타락하여 우상을 섬겼고 다윗의 통일 나라는 남북으로 찢기게 되었다. 결국 불순종의 죄악으로 인하여 북이스라엘은 앗수르 제국에 멸망하여 역사 속에서 사라졌고, 남 유다는 바벨론 포로가 되었다. 따라서 하나님이 다윗과 하신 일방적인 언약은 사라지는 것처럼 보였다. 그러나 믿음의 사람들은 하나님이 하신 다윗의 언약을 기억하며 다윗의 '그 후손'을 기다렸다. 그리고 그 후손을 메시아라고 부르기 시작했다.

사 55:3-5 "너희는 귀를 기울이고 내게로 나아와 들으라 그리하면 너희의 영혼이 살리라 내가 너희를 위하여 영원한 언약을 맺으리니 곧 다윗에게 허락한 확실한 은혜이니라 보라 내가 그를 만민에게 증인으로 세웠고 만민의 인도자와 명령자로 삼았나니 보라 네가 알지 못하는 나라를 네가 부를 것이며 너를 알지 못하는 나라가 네게로 달려올 것은 여호와 네 하나님 곧 이스라엘의 거룩하신 이로 말미암음이니라 이는 그가 너를 영화롭게 하였느니라."

다윗에게 허락한 확실한 은혜는 다윗의 후손으로 오는 메시아를 의미한다. 그 이유는 다윗에게 주어진 언약은 취소될 수 없고 또한 실패할 수 없는 약속이었기 때문이다. 다윗의 언약은 그 메시야가 부활하여 자기 백성에게 영생을 줄 것이며 그 영생을 소유한 자들이 하나님 나라의 백성이 될 것까지 보여주고 있다.

사도 바울은 전도 여행 중 안디옥에서 설교를 할 때 다윗의 언약을 인용하여 메시야의 부활을 증언하였다 행 13:34. 또한 하나님께서 다윗에게 하신 언약은 남 유다가 바벨론 제국에 의해 포로가 된 후 이 땅에 약속의 나라가 전혀 보이지 않던 그 때에 다니엘에게 다시 한번 하나님의 계시로 나타났다.

다니엘서 2장을 보면 느브갓네살 왕이 꿈에서 본 신상을 통해 다니엘이 그 해석을 하나님께로부터 받아서 느브갓네살 왕에게 말한다. "이 여러 왕들의 시대에 하늘의 하나님이 한 나라를 세우시리니 이것은 영원히 망하지도 아니할 것이요 그 국권이 다른 백성에게로 돌아가지도 아니할 것이요 도리어 이 모든 나라를 쳐서 멸망시키고 영원히 설 것이라" 단 2:44. 또한 다니엘은 환상 중에 하나님 나라와 관련한 계시를 매우 구체적으로 받게 된다.

단 7:13-14 "내가 또 밤 환상 중에 보니 인자 같은 이가 하늘 구름을 타고 와서 옛적부터 항상 계신 이에게 나아가 그 앞으로 인도되매 그에게 권세와 영광과 나라를 주고 모든 백성과 나라들과 다른 언어를 말하는 모든 자들이 그를 섬기게 하였으니 그의 권세는 소멸되지 아니하는 영원한 권세요 그의 나라는 멸망하지 아니할 것이니라"

즉, 다니엘이 본 환상에 의하면 다윗에게 하신 주 여호와 하나님의 약속은 인자 같은 이가 하늘 구름을 타고 와서 옛적부터 항상 계신 이에게 인도될 때 '그 인자'에게 멸망하지 않는 영원한 나라와 권세가 주어지는 것으로 다윗의 언약이 성취된다는 것이다. 그러므로 구약의 하나님의 백성들은 하나님께서 다윗에게 언약하신 그 왕을 '인자' 또는 '메시아'라고 부르면서 하나님의 나라가 이 땅에 세워지기를 기다렸던 것이다.

하나님이 "왕"(41번)으로서 이스라엘을 다스리시고 온 땅을 다스리신다는 사상은 구약과 유대교의 한 중심 사상이다. 유대인들은 하나님이 다스리시는 곳에 의와 평화, 자유와 풍요가 있다고 믿었다. 구약에는 하나님은 "왕이시다"라는 명사적 표현과 하나님이 "다스리시다"라는 동사적 표현이 자주 나온다. 나라라고 번역되는 '말구트'라는 용어는 200여회 나타나는데 통치, 지배, 왕권을 나타낸다.

시편에서도 하나님 나라를 언급하고 있다. 그들이 고통스럽고 곤고한 삶의 모든 문제는 하나님의 다스림 즉 하나님의 통치로만 가능하다고 보았다. 유대 공동체는 다윗의 통치로만 가능한 것이 아니고 궁극적으로는 하나님의 통치로만 가능하다고 보았다. 다윗의 나라가 망하고 나서야 유대 공동체는 앞으로 메시아가 오셔서 다스릴 하나님 나라만 가능하다고 보았다. 93:1, 95:3, 96:10, 97:1, 98:6,9 99:1

시 89:3-4 주께서 이르시되 나는 내가 택한 자와 언약을 맺으며 내 종 다윗에게 맹세하기를 내가 네 자손을 영원히 견고하게 하며 네 왕위를 대대로 세우리라 하셨나이다. 셀라

시 93:1 여호와께서 다스리시니 스스로 권위를 입으셨도다 여호와께서 능력의 옷을 입으시며 띠를 띠셨으므로 세계도 견고히 섰으며 주는 영원부터 계셨나이다.

시 96:10 모든 나라 가운데서 이르기를 여호와께서 다스리시니 세계가 굳게 서고 흔들리지 않으리라 그가 만민을 공평하게 심판하시리라 할지로다

시 145:11-13 그들이 주의 나라의 영광을 말하며 주의 업적을 일러서 주의 업적과 주의 나라의 위엄있는 영광을 인생들에게 알게 하리이다 주의 나라는 영원한 나라이니 주의 통치는 대대에 이르리이다.

03 하나님 나라와 예수님이 전한 생명의 복음

예수께서 공생애를 시작하시며 외치셨다.

막 1:14-15 "요한이 잡힌 후 예수께서 갈릴리에 오셔서 하나님의 복음을 전파하여 이르시되 때가 찼고 하나님의 나라가 가까이 왔으니 회개하고 복음을 믿으라 하시더라."

눅 4:43 "예수께서 이르시되 내가 다른 동네들에서도 하나님 나라 복음을 전하여야 하리니 나는 이 일을 위해 보내심을 받았노라 하시고"

예수께서 공생애를 시작하실 때 하나님의 나라가 가까왔다고 외치셨을 뿐 아니라 공생애 사역 중에 하나님 나라를 말씀하셨다. 즉 예수 생명 운동을 일으키신 것이다.

눅 11:20-22 "그러나 내가 만일 하나님의 손을 힘입어 귀신을 쫓아낸다면 하나님의 나라가 이미 너희에게 임하였느니라. 강한 자가 무장을 하고 자기 집을 지킬 때에는 그 소유가 안전하되 더 강한 자가 와서 그를 굴복시킬 때에는 그가 믿던 무장을 빼앗고 그의 재물을 나누느니라."

예수님은 자신이 하나님 나라를 가져 오시는 분이심을 확인시키는 증거로 귀신 쫓아냄과 치유 사역을 통해 하나님 나라가 시작되었음을 나타내고 있다. 이것은 예수 그리스도가 전하는 복음을 통해 하나님의 임재하심과 하나님이 다스리시는 통치권의 영역이 확장되고 있다는 것이다. 이는 하나님 나라의 왕이신 예수께서 이 땅에 오셔서 하나님의 권능을 힘입어 귀신을 쫓아내고 있으니 예수 그리스도 안에서 하나님의 나라가 이미 너희 가운데 임하였다는 뜻이다. 이처럼 예수님은 자신이 다윗의 후손임을 나타내셨고 또한 자신이 바로 다니엘이 말한 '그 인자'라는 사실을 강조하셨다. 이는 예수님 자신이 인간으로서 하나님이 언약하신 하나님의 나라를 이 땅에 세우는 장본인임을 나타내신 것이다. 예수님은 하나님 나라의 대장, 창시자, 대표자, 중보자, 담당자,

하나님 나라의 계시자이시다.

예수님은 하나님의 나라(Kingdom of God)와 천국(Kingdom of heaven)이란 말이 혼용되어 사용되는데 같은 내용의 다른 표현이다. 마태복음11장 11-12절과 누가복음 16장16절을 보면 같은 내용에 대해 마태는 천국으로, 마가는 하나님의 나라로 표현하고 있다. 마가복음 10장에서는 예수님은 영생 얻는 구원을 하나님 나라에 들어가는 것과 연관시켰다. 요한복음은 하나님 나라를 영생, 또는 생명으로 표현하였다.

예수님의 하나님 나라 복음 선포의 의도는 하나님의 통치를 받는 백성 곧 우리를 하나님 나라 속으로 들어오라는 초청을 통해 구원의 은총을 받은 성도들이 장차 완성될 영생에 들어가게 하기 위함이다. 하나님 나라는 우리 힘으로 확장하는 것이 아니라 은혜로 주시는 것이며 우리는 그것을 상속받아서 그 나라 안에서 사는 것을 누리는 것이다. 하나님은 우리에게 그 나라 주시기를 기뻐하신다 눅 12:32.

예수님은 부활하시고 승천하시기 전에 친히 살아 계시며 나타내사 40일 동안 그들에게 보이시며 하나님 나라의 일을 말씀하셨다 행 1:4. 빌립도 하나님 나라와 예수 그리스도의 이름에 관하여 전도하였으며 행 8:12 바울도 회당에서 세달 동안 담대히 하나님 나라에 대하여 강론하며 권면하였으며 행 19:8 하나님 나라를 전파하며 그리스도에 관한 모든 것을 담대하게 거침없이 가르쳤다 행 28:23,31.

새 시대에 있을 심판과 구원의 주도권, 즉 이니셔티브(initiative)는 하나님이 가진 것으로 나타나고 그것들을 위해 하나님께서 메시아를 일으키는 것이다.

메시아는 하나님의 대리자(agent: representative) 또는 도구로서 하나님의 심판과 구원을 실행하는 자로서 이해하여야 한다. 하나님 나라에 대한 강조점은 하나님께서 통치하시는 새 세대에 대한 간절한 기대이다.

특히 다니엘 7장은 예수님의 하나님 나라 선포에 매우 중요한 배경을 제공하고 있다. 다니엘 7장 3절에 인자 즉 사람의 아들 같은 이는 예수님으로서 옛적부터 계신 하나님으로부터 하나님 나라의 통치권을 물려받는 모습이다. 예수님은 하나님 앞에 나아와 하나님으로부터 대권을 위임받는다. 등극하는 것은 대권을 위임받는 것을 가르친다 ^{시 110:1, 행 2:36}.

^{단 7:13.14} "내가 또 밤 환상 중에 보니 인자 같은 이가 하늘 구름을 타고 와서 옛적부터 항상 계신 이에게 나아가 그 앞으로 인도되매 그에게 권세와 영광과 나라를 주고 모든 백성과 나라들과 다른 언어를 말하는 모든 자들이 그를 섬기게 하였으니 그의 권세는 소멸되지 아니하는 영원한 권세요 그의 나라는 멸망하지 아니할 것이라"

이와 같이 구약에서 예수님 나라에 대한 여러 가지 표현으로 나단의 신탁으로 알려진 다윗의 후손 ^{삼하 7장} 여호와의 종 ^{사 42-53장}, 인자 ^{단 7장}를 중심으로 특히 메시아(기름부음 받은 종말의 구원자)라는 사실은 하나

님 나라의 핵심이 메시아를 통한 통치임을 가르쳐주고 있다. 다윗의 언약은 하나님의 왕적인 통치는 다윗의 왕위를 계승할 인물은 아들 솔로몬이지만 하나님의 왕적인 통치는 다윗의 자손으로 올 메시아를 통해 시행되는 것이다. 이사야서에 나오는 "여호와의 종"은 예수님이 메시아로서 하나님 나라 백성의 죄를 대속하기 위한 대속적 죽음을 가르친다. 예수님이 말씀하신 하나님 나라는 예수님이 메시아로서의 신분과 메시아로서의 사역을 설명하고 있다. 예수님이 가르치신 하나님 나라의 열쇠는 예수님이 메시아라는 사실임을 가르쳐준다.

다윗의 예를 들어 설교하면서 시 110편이 성취된 것을 가르치고 있다. 이 말씀은 초대 교회 공통적으로 전하는 케리그마였다. 이 말씀을 통해 예수 그리스도가 주와 그리스도 즉 메시아기 된다는 사실을 전도를 통해 선포하게 된 것이다.

> 행 2:34-36 "다윗은 하늘에 올라가지 못하였으나 친히 말하여 이르되 주께서 내 주에게 말씀하시기를 내가 네 원수로 네 발등상이 되게 하기 까지 너는 내 우편에 앉아 있으라 하셨도다 하였으니 그런즉 이스라엘 온 집은 확실히 알지니 너희가 십자가에 못 박은 예수를 하나님이 주와 그리스도가 되게 하셨느니라"

예수님은 하나님 나라를 전파하시고 사도들은 예수 그리스도는 하나님의 아들이심과 그의 죽으심과 부활을 전하였다. 예수님과 사도들이 전한 복음에는 그리스도를 통한 죄 사함과 칭의 뿐 아니라 이웃과의 관계의 변화가 포함되어 있다. 주님은 자신의 말씀과 삶으로 하나님 나라의 모습을 보여 주셨다. 하나님의 나라는 세상에 속하지 아니한 나라이다. 세상에 속하지 않았다는 것은 하나님의 나라는 세상과 전혀 다른 나라라는 것이다. 세상 나라에서는 힘 있는 사람들이 힘없는 사람들을 지배한다. 자신이 갖고 있는 힘과 권력을 사용해서 사람들을 자신이 원하는 방향과 목표를 향해서 나가도록 만든다. 세상 나라는 힘과 권력, 돈으로 다스리지만 예수님이 통치하시고 다스리는 나라는 평강의 나라이다. "하나님 나라는 먹는 것과 마시는 것이 아니라 의와 평강과 희락이 넘치는 하나님의 통치권" 롬 14:17 안으로 들어가는 것을 의미하기 때문이다.

예수님이 구약의 모든 약속을 성취한 하나님의 아들 그리스도이시며 지금 하나님 보좌 우편에서 주와 그리스도로 천상 통치를 하고 계신다고 선포하는 것이 하나님 나라를 선포하는 것이며 행 2:32-33, 5:30-32, 13:30-39 하나님 나라의 확장은 그리스도의 복음을 듣고 사람들이 예수님을 영접할 때마다 일어난다.

오늘날도 그리스도께서 보내신 보혜사 성령은 신자의 신앙생활의 처음과 끝을 주장하셔서 모든 초점을 믿음의 주(창시자)요 온전케 하시는 이인 그리스도를 바라보게 하며 히 3:1, 12:2 십자가와 부활과 재림 신앙을 가지게 한다. 우리들을 물과 성령으로 거듭나게 하는 것도 성령이다. 거듭나지 않고서는 하나님 나라에 들어갈 수 없다. 두 번 태어나야 하나님 나라에 들어간다. 또한 성령으로 세례를 주어 인치심으로 예수님을 주라 고백하게 하시며 예수를 믿게 하신다 고전 12:3. 예수 그리스도가 구세주로 믿어지는 마음이 생겨 천국 백성이 된 것은 세상의 어떤 종교도 할 수 없는 하나님만이 하시는 사건이다.

지금 그리스도의 나라는 성령 안에서 이 땅에 도래하여 있고, 우리 주 예수 그리스도는 그 나라의 공식적인 왕으로서 만왕의 왕이시며 만유의 주이시다. 우리는 그 나라의 시민이 되었으니 얼마나 큰 축복을 받은 자인가 놀랍고 감사한 일이다. 이제 우리는 그 나라를 위하여 복음 전도의 명령을 순종하여야 한다.

범죄한 인간은 마음에 하나님 두기를 싫어한다. 하나님을 중심에 모시지 않고 자기 왕국을 쌓아두고 있다. 오늘 주변에 일어나는 모든 악과 범죄는 인간이 불순종하여 하나님의 통치를 거부하여 일어나는 현상이다. 복음을 전하는 것은 주인을 바꾸게 하는 것이다. 하나님 자리에 인간이 자리 잡고 있는 것을 예수님을 주로 고백하는 자리로 나아가게 하는 것이다.

롬 10:9,10 "내가 만일 네 입으로 예수를 주로 시인하며 또 하나님께서 그를 죽은 자 가운데서 살리신 것을 네 마음에 믿으면 구원을 받으리라 사람이 마음으로 믿어 의에 이르고 입으로 시인하여 구원에 이르느니라"

골 1;13,14 "그가 우리를 흑암의 권세에서 건져내사 그의 사랑의 아들의 나라로 옮기셨으니 그 아들 안에서 우리가 속량 곧 죄사함을 얻었도다"

마 28:18-20 "예수께서 나아와 말씀하여 이르시되 하늘과 땅의 모든 권세를 내게 주셨으니 그러므로 너희는 가서 모든 민족을 제자로 삼아 아버지와 아들과 성령의 이름으로 세례를 베풀고 내가 너희에게 분부한 모든 것을 가르쳐 지키게 하라 볼지어다 내가 세상 끝날까지 너희와 항상 함께 있으리라 하시니라"

딤후 4:1 "하나님 앞과 살아 있는 자와 죽은 자를 심판하실 그리스도 예수 앞에서 그가 나타나실 것과 그의 나라를 두고 엄히 명하노니"

딤후 4:18 "주께서 나를 모든 악한 일에서 건져내시고 또 그의 천국에 들어가도록 구원하시리니 그에게 영광이 세세무궁 토록 있을지어다 아멘"

벧후 1:10,11 "그러므로 형제들아 더욱 힘써 너희 부르심과 택하심을 굳게 하라 너희가 이것을 행한즉 언제든지 실족하지 아니하리라 이같이 하면 우리 주 곧 구주 예수 그리스도의 영원한 나라에 들어감을 넉넉히 너희에게 주시리라"

> ✪ 계시록 11장 15절은 계시록의 주제 성구이다.
>
> "일곱째 천사가 나팔을 불매 하늘에 큰 음성들이 나서 이르되 세상 나라가 우리 주와 그의 그리스도의 나라가 되어 그가 세세토록 왕 노릇 하시리로다"
>
> 출 19:5,6 "세계가 다 내게 속하였나니 너희가 내 말을 잘 듣고 내 언약을 지키면 너희는 모든 민족 중에서 내 소유가 되겠고 너희가 내게 대하여 제사장의 나라가 되며 거룩한 백성이 되리라 너희는 이 말을 이스라엘 자손에게 전할지니라"

> 벧전 2:9-10 "그러나 너희는 택하신 족속이요 왕 같은 제사장들이요 거룩한 나라요 그의 소유된 백성이니 이는 너희를 어두운데서 불러내어 그의 기이한 빛에 들어가게 하신 이의 아름다운 덕을 선포하게 하려 하심이라 너희가 전에는 백성이 아니더니 이제는 하나님의 백성이요 전에는 긍휼을 얻지 못하였더니 이제는 긍휼을 얻은 자니라"

✪ 소그룹 말씀 나눔과 적용

1. 최초 하나님 나라는 어디서부터 시작되었는가?
2. 원시 복음은 무엇인가?
3. 하나님 나라가 어떻게 진행되어 왔는가를 나누어보자
4. 나는 어떻게 전도 명령을 순종하고 있는가?

03

예수 그리스도 생명의 복음

"이르시되 때가 찾고 하나님의 나라가 가까웠으니 회개하고 복음을 믿으라 하시니라" 막 1:15

하나님께서 예수 그리스도를 믿는 믿음을 선물로 주신 것, 구세주로 왕으로 고백하는 믿음과 회심의 은혜를 주신 것을 알아야 한다. 자신의 구원과 회심을 생각하게 되면 하나님의 주권을 인정하게 된다. 신앙생활은 회심에 대한 감사와 하나님의 은혜로운 주권을 인정하는 것이다. 사람들이 하나님께로 돌아오는 것은 그들을 친히 자신에게로 이끄시는 하나님의 은혜로운 사역의 결과이다.

예수님만이 구원자가 되시며 죄인을 구원하시기 위하여 세상에 임하셨고 딤전 1:15 율법의 저주에서 건지시기 위하여 십자가에서 죽으시고 다시 살아나셨으니 곧 그는 죽은 자와 산자의 주가 되신다 롬 14:9. 이 메시지를 전하는 것이 바로 복음 전도이다. 복음 전도는 죄인들에게 그리스도를 구원자로 영접할 것과 그 분 없이는 영원히 멸망할 수밖에 없는 사실을 일깨워 주는 것이다. 즉 복음 전도의 목적은 교회의 교통 안에서 그리스도를 왕으로 섬기게 하는데 있다. 교회란 하나님께 예배하고 그 분을 증언하고 세상에서 그 분을 위해 일하는 신앙 공동체를 의미한다. 복음 전도는 믿을 뿐 아니라 돌이키라고 촉구한다. 하나님의 초청만 받아들이는데 그치지 않고 죄를 뉘우쳐 회개할 것을 요구한다.

01 예수님의 첫 번째 설교는 천국 복음을 전하셨다.

예수님의 제자 마가의 첫 번째 메시지는 "하나님의 아들 예수 그리스도의 복음의 시작"이라고 말씀하였다 막 1:1. 막 1:14-15에 보면 "때가 찾고 하나님 나라가 가까웠으니 회개하고 복음을 믿으라"고 하였다. 그것은 하나님 나라의 복음으로서 하나님의 구원통치가 임박했다는 기쁜 소식이다. 창조주 하나님이 온 세상을 다스림으로서 이루어낼 구원에 관한 좋은 소식이다. 이 구절은 우리가 믿는 기독교를 완벽하게 요약해 주고 있다. 예수 그리스도가 이 세상에 오시며 가지고 오신 천국 복음을 듣고 죄인들이 회개하고 하나님께로 돌아오는 것은 온 인류에게 미칠 가장 큰 기쁨의 소식이다. 이 천국 복음은 현대인에게 가장 중요한 기독교의 생명과도 같다.

예수 그리스도의 하나님 나라 복음 선포를 통한 약속과 그의 죽으심과 부활하심으로 그 약속은 성취 되었다. 사도 바울을 위시한 제자들과 초대교회는 메시아로 이 땅에 오신 예수 그리스도의 사건, 그의 생애와 십자가의 죽으심, 그리고 부활과 다시 오심을 가르치고 선포하는 것에 모든 것을 집중하였다. 처음부터 교회의 설교의 중심에는 언제나 복음이 있었으며 예수 그리스도가 그 가운데에 있었다. 설교의 목적과 내용이 언제나 주와 그리스도이셨다. 이처럼 기독교의 설교는 예수의 죽으심과 부활과 함께 탄생되었으며, 초기 교회 공동체의 설교자들은 예수의 십자가와 부활과 재림의 복음을 전하는 일이 그들의 최선의 목적이었고, 그것에 그들의 목숨을 걸었다.

사도 바울은 예수 그리스도의 죽으심과 부활에 참여한 신자들이 받은 실존적 구원을 죄 사함(Redemption), 의롭게 됨(Justification), 하나님의 자녀(Adoption), 화해됨(Reconciliation) 새로운 피조물이 되어 성령 안에서 사는 삶, 하나님 형상을 회복함으로 표현하고 있다. 예수 그리스도를 통해 하나님 나라 문이 열리고 그 예수를 믿는 자는 죄 사함과 의롭다 함을 받게 되며 성령이 내주하시며 성화를 이루는 사람 즉 하나님의 형상을 회복해나가는 존재로 되어 진다.

사도 바울은 예수 그리스도의 하나님 나라의 복음을 십자가와 부활로 설명하고 있다. 고전 15:1-12과 롬 1:1-7은 복음이 무엇인지 제일 잘 설명해주고 있는 말씀이다. 이 말씀은 지상에 있는 복음주의 교회들의 신앙 고백과 같다. 즉 오중 복음 예수 그리스도의 탄생, 죽으심,

부활, 승천, 재림을 믿는 신앙고백은 복음 중에 복음이다. 고린도와 로마에 속한 교인들뿐 만이 아니라 오늘도 이 죽으심과 부활의 복음을 전하는 교회는 진정한 교회이다. 그리스도인들이 이 복음을 받고 믿어 그 복음이 제공하는 구원을 얻은 것이라고 설명하고 있다. 이처럼 기독교의 설교는 예수의 죽으심과 부활과 함께 탄생되었으며, 초기 교회 공동체의 설교자들은 예수의 십자가와 부활과 재림의 복음을 전하는 일이 핵심적인 선포의 내용이었다. 예수의 제자들을 포함한 사도들의 공통 "케리그마"였다. 예수 생명의 복음 예수 십자가 부활의 복음은 신자의 마음에서 흘러 넘쳐 이웃에게 세상에 흘러넘쳐 나가야 한다. 예수 생명 사역은 그리스도 안에 연합되어 있을 때 가능하다. 예수 안에 연합된 생명은 반드시 풍성한 열매를 맺게 되어 있다.

02 신자 안에 임하신 하나님 나라(already)

예수님께서는 "하나님 나라가 볼 수 있게 임하는 것이 아니요 여기 있다 저기 있다고도 못하리니 하나님 나라는 너희 안에 있느니라"고 말씀하셨다 눅 17:20. 이는 신자가 죽어서 가는 천국을 말하는 것이 아니라 예수 그리스도를 주와 그리스도로 영접한 신자는 현재 다스림을 받는 샬롬의 천국이 이루어진 것이다(already). 만물의 창조주이시며 구원자이신 하나님이 인간의 몸을 통해 이 땅에 오신 하나님의 아들 예수 안에서 우리를 만나주시고 우리의 죄와 사망의 짐을 져 주시며 마귀의 종에서 해방 시켜 주셔서 우리가 그 분을 신뢰하고 사랑하도록 하나님 나라에 초대하시고 그렇게 함으로 하나님의 지배와 통치를 받아 자기중심의 삶이 아니라, 하나님 중심의 삶을 살도록 만들어 주셨다.

골 1;13-14 "그가 우리를 흑암의 권세에서 건져내사 그의 사랑의 아들의 나라로 옮기셨으니(과거형) 그 아들 안에서 우리가 속량 곧 죄 사함을 얻었도다"

대학생 선교회에서 전도지로 사용하는 사영리(Four Spiritual Laws) 9페이지에 보면 의자가 두개 있는 그림이 있다. 하나는 자기가 주인인 의자가 있고 다른 하나는 예수님 십자가가 앉아 있는 의자이다. 이 그림은 완벽한 것은 아니지만 하나님 나라를 표현한 그림 중에 하나라고 할 수 있다. 신자는 하나님이 우리 중심에 앉으신다. 신자의 마음은 하나님이 앉으시는 의자이다. 우리가 사단과 죄와 죽음의 통치에서 해방되어 하나님의 나라가 현재 임하여 하나님의 통치를 받고 있기에 성령의 도우심을 힘입어 사단과 죄의 통치를 거부하고 이제 예수 안에서 그리스도를 닮아갈 뿐 아니라 하나님이 원하시는 풍성한 열매를 맺을 수 있다.

03 미래에 임할 하나님 나라(but not yet)

예수 그리스도를 주로 고백하고 그리스도 안에 있는 자는 이미 죄용서와 사죄를 통해 의롭다 하심을 받았으며, 이미 영생을 얻었고, 미래에 심판을 받지 아니하는 축복을 받았으며, 천국이 현재 임하는 축복을 받았고 미래 영원한 하나님 나라에 들어가는 축복을 받게 되었다.

딤후 4:18 "주께서 나를 모든 악한 일에서 건져내시고 또 그의 천국에 들어가도록 구원하시리니 그에게 영광이 세세무궁 토록 있을지어다 아멘"

벧후 1:10-11 "그러므로 형제들아 더욱 힘써 너희 부르심과 택하심을 굳게 하라 너희가 이것을 행한즉 언제든지 실족하지 아니하리라 이같이 하면 우리 주 곧 구주 예수 그리스도의 영원한 나라에 들어감을 넉넉히 너희에게 주시리라"

계시록 11:15은 계시록의 주제 성구이다. "일곱째 천사가 나팔을 불매 하늘에 큰 음성들이 나서 이르되 세상 나라가 우리 주와 그의 그리스도의 나라가 되어 그가 세세토록 왕 노릇 하시리로다"

죄와 사망의 권세에서 허덕이는 불쌍한 인생들이 주장하는 세상 나라가 우리 주와 그리스도의 나라가 되도록 복음 전파의 사명을 감당하여야 한다. 이 천국 복음이 온 세상에 전파되면 그제야 끝이 오게 된다 **마 24:14**. 복음 전파는 예수 그리스도의 재림으로 완성될 하나님 나라를 앞당기는 행위이다. 복음 전파는 하나님이 누구를 통해서든지 반드시 온 세상에 전해지게 되어 있다.

　우리는 하나님 나라를 은혜로 거저 받았기에 날마다 구속의 은총에 감격하며 자기를 부인하고 자기 십자가를 지고 예수님을 따라가야 한다. 육신에게 져서 육신대로 살 것이 아니라 성령의 도우심을 받아 영으로서 몸의 행실을 죽여야 한다. 날마다 육적인 나는 십자가에 못 박고 내 안에서 예수님이 나타나는 삶을 살아야 한다. 나는 죽고 예수로 살아야 한다. 우리는 예수님으로 인하여 화목케 하는 직책을 받았으니 날마다 우리의 삶 속에서 하나님의 통치와 다스림을 받아 하나님 사랑과 이웃 사랑을 실천하여 생활 가운데서 하나님께 영광을 돌릴 뿐 아니라 예수 그리스도의 재림으로 완성될 하나님 나라의 도래를 준비하는 삶을 살아야 한다.

> **⊙ 소그룹 말씀 나눔과 적용**
>
> 1. 예수님의 첫 번째 설교와 승천하시기 전 말씀은? 행 1:3
> 2. 사도 바울이 사도행전에서 전한 마지막 메시지가 무엇인가? 행 28:23,31
> 3. 예수님과 사도 바울의 복음은 어떤 연관성이 있는가?(Continuity)
> 4. 예수 그리스도의 재림과 복음 전파는 어떤 연관성이 있는가?
> 5. 종말이 늦어지는 이유가 무엇인가? 벧후 3:8,9

04

예수 생명의 하나님 나라

"예수께서 이르시되 내가 다른 동네들에서도 하나님의 나라 복음을 전하여야 하리니 나는 이 일을 위하여 보내심을 받았노라" 눅 4:43

01 하나님 나라는 기독교 신앙의 근본이며 핵심이다.

하나님 나라와 복음은 기독교 신앙의 기본이며 생명이다. 복음과 하나님 나라를 모르고서는 설교와 기독교 교육, 신앙생활 등을 바로 할 수 없다. 성경을 바로 해석할 수도 없다. 성경을 하나로 푸는 것은 하나님 나라인데 그것을 주시기 위하여 인간과 언약을 맺으시고 그 언약은 예수 그리스도의 십자가 사건 즉 구속 역사(Redemptive History)로 이어진다. 하나님 나라는 대단히 중요한 성경의 주제이기 때문에 리차드 러브리스(Richard Lovelace)는 "하나님 나라는 예수님 설교의 주요 주제일 뿐 아니라 성경의 계시를 통합하는 중심적 범주이다."라고 하였으며 또한 스탠리 존스(E. Stanley Jones)는 "예수님의 메시지는 하나님 나라이다. 그것은 그가 가르치고 행했던 것의 중심일 뿐 아니라 또한 그 모든 것이다. 하나님 나라는 모든 것을 모아 들여 그것에 구원, 일치, 목표를 부여하는 주요 개념, 주요 계획, 주요 목표, 주요 의지이다."고 하였다.

02 예수님이 전한 하나님 나라

예수님의 사역과 메시지의 중심은 천국, 즉 하나님 나라이다. 예수님께서 선포하신 첫 번째 메시지가 "천국"마 4:17이었고, 그의 마지막 가르침도 "천국"마 25, 눅 22에 관한 것이었다. 여러 동네를 두루 다니시면서 전파한 주된 메시지도 "천국복음"이었고마 4:23; 마 9:35, 이스라엘의 잃어버린 자에게 다니면서 전도하라고 자기 제자들에게 준 메시지도 "천국"마 10:7이었다. 산상수훈의 중심 메시지도 "천국"마 5:3,10, 19,20; 7:21이었고, 수많은 비유로 교훈하신 내용도 "천국"마 13; 18:1-4, 23; 20; 22; 25; 막 4이었다. 마태복음에서 주로 전한 천국이란 단어와 하나님 나라는 실질적으로 동의적인 표현이다. 예수님은 자신이 하나님 나라의 복음을 증거 하기 위하여 보냄을 받았다고 말씀하셨고눅 4:43 "하늘에 계신 내 아버지의 뜻대로 행하는 자라야 천국에 들어간다."마 7:21고 하셨다. 복음서에서 '하나님 나라'라는 표현은 113회, 그 중에 예수님은

73회나 사용하셨다 마 36회, 막 13회, 눅 21회, 요 2회.

> ⭐ **하나님 나라와 영생과 생명의 의미**
>
> 마가복음과 누가 복음은 이방인을 대상으로 하였기에 하나님 나라(the king of God)라고 하였으며 유대인을 대상으로 한 마태는 천국 즉 하늘나라(the king of heaven)로 표현하였다. 천국은 셈어적 표현이며(Semitic form) 하나님의 나라는 헬라어적인 표현(Greek form)이다. 요한복음은 하나님 나라를 "영생" "생명"으로 표현하였다. 이것은 참으로 중요한 표현이다. 하나님 나라, 천국 운동은 예수 생명 운동이며 전도를 통해 영원한 생명을 주는 운동이다. 영생은 유일하신 참 하나님과 그의 보내신 자 예수 그리스도를 아는 것(체험적으로 아는 것)이며 아들을 믿는 자는 영생이 있고 요3:36 하나님의 뜻은 아들을 보고 믿는 자마다 영생을 얻는 이것이니 마지막 날에 이를 다시 살리리라고 하셨으며 요6:40 예수님을 믿는 자는 현재 영생을 가졌다 요6:47, 심판을 받지 아니하고 사망에서 생명으로 옮겼다 요5:24.
>
> 즉 영원한 생명이란 우리가 지금 하나님과 인격적 관계 속에 이미 들어가 있다는 것을 뜻한다. 하나님이 우리의 하나님이 되셨고 우리가 그의 백성이 되었다는 것을 의미하며 또한 우리가 그와 함께 교제를 나누기 시작했음을 의미한다. 우리는 이미 하나님의 생명을 나누기 시작한 것이다.

마 19장에 재물이 많은 부자 청년에 무슨 선한 일을 하여야 영생을 얻으리이까 하고 예수님께 질문하였을 때 생명에 들어가려면 계명을 지키라고 말씀하셨으며 낙타가 바늘귀로 들어가는 것이 부자가 하나님 나라에 들어가는 것보다 쉽다고 말씀하셨다. 이에 제자들은 누가 구원을 받으리이까 질문하였다.

즉 예수님은 영생-생명-천국-하나님 나라-구원이란 말씀을 하셨다.

영생은 전인과 관계된다. 영생은 나의 영혼뿐만이 아니라 나의 몸과도 관련이 있다. 우리가 마지막으로 하나님 나라를 유업으로 받을 때 고전 15:50 죽을 몸, 썩어질 몸이 생명에 삼킨바 될 것이다. 영생은 몸이 구속받는 것도 포함되어 있다. 즉 영생이란 몸의 구원, 몸의 변형을 뜻한다.

요 10:28-29 "내가 그들에게 영생을 주노니 영원히 멸망하지 아니할 것이요 또 그들을 내 손에서 빼앗을 자가 없느니라 그들을 주신 내 아버지는 만물보다 크시매 아무도 아버지 손에서 빼앗을 수 없느니라"

03 바울 사도와 사도들이 전한 복음과 하나님 나라

사도행전과 다른 서신 중에서는 29회 나온다(행 8회, 롬 1회, 고전 5회, 갈 1회, 엡 1회, 골 2회, 살전 1회, 살후 1회, 딤후 2회, 히 2회, 약 1회, 벧후 1회, 계시록 3회, 일반적인 나라와 악한 세력은 5회 나옴)

예수님은 하나님 나라를 십자가와 부활로 완성하셨기에 바울을 위시한 사도들은 예수 그리스도의 십자가와 부활을 전하며 십자가 중심의 신앙생활을 통해 죄 사함, 의롭게 됨, 하나님의 자녀 됨, 화목 됨, 성령 안에서의 삶을 살아야 할 것을 가르치고 있다.

✪ 사도행전에 나타난 하나님 나라

행 1:3 "그가 고난 받으신 후에 또한 그들에게 확실한 많은 증거로 친히 살아 계심 나타내사 사십일 동안 그들에게 보이시며 하나님 나라의 일을 말씀하시니라"

행 8:12 "빌립이 하나님 나라와 및 예수 그리스도의 이름에 관하여 전도함을 그들이 믿고 남녀가 다 세례를 받으니"

행 14:22 "제자들이 마음을 굳게 하여 이 믿음에 머물러 있으라 권하고 또 우리가 하나님의 나라에 들어가려면 많은 환난을 겪어야 할 것이라 하고"

행 19:8 "바울이 회당에 들어가 석달 동안 담대히 하나님 나라에 관하여 강론하며 권면하되"

행 20:25 "보라 내가 여러분 중에 왕래하며 하나님의 나라를 전파하였으나 이제는 여러분이 다 내 얼굴을 다시 보지 못할 줄 아노라"

행 28:23 "그들이 날짜를 정하고 그가 유숙하는 집에 많이 오니 바울이 아침부터 저녁까지 강론하여 하나님의 나라를 증언하고 모세의 율법과 선지자의 말을 가지고 예수에 대하여 권하더라"

행 28:30-31 "바울이 온 이태를 자기 셋집에 머물면서 자기에게 오는 사람을 다 영접하고 하나님의 나라를 전파하며 주 예수 그리스도에 관한 모든 것을 담대하게 거침없이 가르치더라"

✪ 요한 계시록에 나타난 하나님 나라

사도 요한이 밧모섬에서 주의 날에 계시 받아 쓴 요한 계시록의 주제는 "하나님 나라"이다.

1. 하늘에 있는(천상) 하나님 나라(승리의 교회)

계시록에서 자주 하나님 나라의 환상을 자주 말씀하고 있다(계 4장, 5장, 7장, 11장, 20장, 21장) 창세 때부터 예비 된 하나님 나라는 마 25:34 예수 그리스도께서 부활하시고 하나님 보좌 우편에 앉으심으로 하나님의 약속이 성취 되었다. 천상의 하나님 나라의 보좌는 지상 성전의 지성소를 그대로 나타냈다. 하나님은 처음과 나중에 되시며 만물의 주인이시며 인간 역사의 주관자이시며 구원자가 되신다. 요한은 천상 보좌에서 네 생물과 24 장로들이 경배를 드리는 모습과 어린 양이신 그리스도께서 시온산에서 그의 피로 구속받은 십사만 사천이 새 노래로 경배 드리는 환상을 보게 된다. 초기 기독교인들은 황제 숭배를 버리고 예수 그리스도를 주라고 고백하면서 많은 핍박과 박해를 이긴 초대 교회 신자들에게 천상의 하나님 나라 환상을 통해 큰 위로와 소망을 주었다. 오늘날도 하나님 나라를 바라보며 세상의 유혹에 넘어가지 않는 참된 신앙인들에게는 한없는 위로와 소망을 갖게 된다.

2. 무너진 사탄의 나라

계시록은 모든 악의 근원인 사탄(용, 뱀)이 당시 황제 숭배라는 것을 통해 하나님 대신해서 자기를 경배하라고 하였다. 땅과 바다에서 나온 짐승은 신비스런 이적과 표적을 일으키며 궤계를 부리지만 그리스도의 죽으심과 부활로 인하여 사탄의 왕국은 무너지고 파괴되었다. 그리스도의 결정적 승리는 십자가와 부활이다. 그리스도께서 사탄의 권세를 정복하셨으며 이미 영적인 싸움에서 승리하셨다.

승리하신 그리스도는 하늘 보좌에 앉아 계시며 지상에서는 성령께서 예수님의 구원 사역을 대행하신다. 사탄은 땅으로 내어 쫓김을 당해 자기의 때가 얼마 남지 않은 줄 알고 제한적으로 활동하고 있다. 예수님의 부활로 인하여 패배하기 시작한 사탄은 예수님의 재림 때 완전한 불 못에 들어감으로 결정적으로 최후의 멸망을 당하게 된다. 사탄이 자신이 얼마 남지 않은 기간에 교회를 박해하고 있지만 사탄의 의도는 성공하지 못한다. 그러므로 사탄은 결국 하나님의 통제 아래 있으며 하나님께서 허락하셔야만 활동한다. 교회와 신자가 사탄의 일시적 활동으로 인하여 박해를 받고 있지만 예수님 오시는 그 날까지 영적으로 양육하며 보호하신다.

3. 승리하는 하나님 나라

계시록을 통하여 이 세상은 보이는 세계가 전부가 아니며 보이지 않는 짐승으로 등장하는 악한 영의 존재를 드러나게 하며 그들의 미래는 이미 결정된 패배자인 것을 보여준다. 예수 그리스도께서 이미 이겨 놓으신 메시아 전쟁에 우리를 승리자로 초대하신다. 죄와 죽음의 권세를 잡고 있는 사탄의 권세를 깨트리시고 승리하셨다. 예수님이 이기셨기에 신자도 승리한다. 그분이 이김으로 인하여 신자와 교회는 승리가 보장되었다. 사탄의 왕국으로부터 "하나님을 섬기는 나라와 제사장"으로 삼으신 새 백성의 창조를 이루신 하나님은 "세상 나라가 우리 주와 그의 그리스도의 나라가 되어 그가 세세토록 왕 노릇 하시리로다" 계 11: 15-17라고 말씀하셨다. 이전에도 계셨고 지금도 계시는 하나님은 사탄의 권세를 파함으로 예수님의 합법적인 왕권을 확립하기 위하여 이 세상에 다시 오신다. 구원과 최종적인 심판의 완성은 그리스도의 재림과 함께 이루어진다.

계 11:15 "일곱째 천사가 나팔을 불매 하늘에 큰 음성이 나서 이르되 세상 나라가 우리 주와 그의 그리스도의 나라가 되어 그가 세세토록 왕 노릇 하시리로다"

계 17:14 "그들이 어린 양과 더불어 싸우려니와 어린 양은 만주의 주시오 만왕의 왕이시므로 그들을 이기실터이요 또 그와 함께 있는 자들 곧 부르심을 받고 택하심을 받은 진실한 자들도 이기리로다"

✪ 신자는 하나님의 다스림 즉 예수님을 영접하여 하나님의 자녀가 되었으므로 죄로 말미암은 모든 고통과 저주가 끝나고 사망과 사탄과 율법의 모든 얽매임에서 해방되었다. 예수님이 아직 재림하지 않으신 것은 하나님 나라 복음이 온 세상 끝까지 전파되지 않았기 때문이다 마 24:14. 복음의 증인들은 어려움과 핍박을 많이 받을 것이지만 복음이 땅 끝까지 전파되는 것은 막을 수 없다. 신자는 예수님이 전하신 하나님 나라 복음에 순종하는 충성스런 일군이 되어야 한다. 예수님을 구세주와 주로 믿고 하나님의 통치를 받는 신자들을 통해 하나님 나라는 확장되어진다.

✪ 소그룹 말씀 나눔과 적용

1. 주님 가르쳐 준 기도계시록을 어떻게 해석하여야 하는가?
2. 천년 왕국은 무슨 의미인가?
3. 세대주의적 전 천년설, 역사적 전 천년설, 무 천년설의 의미는?
4. 잘못된 종말론 사상은 무엇인가?

05

십자가와 부활의 복음

"내가 너희 중에서 예수 그리스도와 그가 십자가에 못 박힌 것 외에는 아무 것도 알지 아니하기로 작정하였음이라" 고전 2:2, 갈 5:24

01 복음 중심의 신앙생활

복음은 바울 서신에서 약 60회가 나오는 단어로서 바울이 선포하는 메시지를 지칭할 때 선호한 명칭이다. 복음은 종말론적 구원을 도래케 하시는 구원자 예수 그리스에 대한 리포트이다. 더 확대하면 복음은 바울이 선포한 기독교 메시지의 총화이다. 설교는 복음을 전하고 그리스도를 전한다. 설교는 예수 그리스도의 인격, 교훈, 사역, 삶과 죽음과 부활로 절정을 이룬 하나님의 구원 계시의 관점에서 본문의 메시지를 전하는 것이다. 예수 그리스도의 수난과 죽음과 부활과 예수 그리스도에 대한 믿음을 통한 구원이 복음의 핵심이다 롬 1:16-17. 바울이 말로나

글로 전한 모든 내용이 복음이다 롬 1:1, 15, 2:16 15:16. 그리스도를 믿는 믿음은 그리스도인으로 마땅히 살아야 할 도리 즉 복음에 합당한 생활도 포함한다. 바울 서신은 전반부가 복음의 신학적 내용, 후반부에는 복음의 생활적 적용이 나오는 방식으로 되어 있다. 전반부의 신학적 내용도 복음이고 후반부의 생활적 적용도 복음이다

설교자는 복음이 없는 윤리나 복음 외에 다른 교훈은 전해서는 안 된다. 강단에 선 사람은 성경 외에 다른 메시지 경제 이론, 정치 체계, 새로운 종교 철학 등을 전하면 하나님의 말씀을 선포하는 것이 아니라 사람들의 말을 들이대는 것이다. 설교자는 복음을 체계적으로 이해하며 체계적으로 전하여야 한다. 설교자는 복음 외에 다른 것을 전하면 안 된다. 복음만 전하여야 한다. 신자는 성경을 읽을 때 하나님 나라와 복음이란 말씀이 나오면 가슴에 벅찬 감격이 있어야 한다. 생명을 살리는 복음은 신자에게 있어서 심장과도 같다. 신앙생활은 복음 중심이다. 복음으로 살고 복음으로 완성되어야 한다. 예수 그리스도의 하나님 나라 복음 중심은 신앙생활의 핵심이며 신자의 현재와 미래를 규정한다. 예수님은 하나님 나라를 가지고 오셨다. 하나님 나라는 그 분의 핵심 주제이셨으며 하나님 나라가 실제로 임하신 것을 나타내시기 위하여 치유와 귀신을 쫓아내는 사역을 나타내셨다. 단순히 병을 고치고 치유하시는 것을 보여주는 것이 아니라 그 분이 죽음의 권세를 가진 사탄을 박멸하기 위하여 오신 것을 보여주기 위함이다. 주 예수님이 말씀하신

하나님 나라 복음의 의미를 분명하게 깨닫지 못하면 그 분의 메시지를 이해할 수 없으며 그 나라에 들어갈 수도 없다.

예수 그리스도의 십자가와 부활의 사건은 인류 최대의 기쁜 소식이다. 예수 그리스도의 하나님 나라 복음은 허물과 죄로 죽은 인간을 구원하실 뿐 아니라 마귀의 종에서 해방시켜 주셔서 우리가 그 분을 신뢰하고 사랑하도록 하나님 나라에 초대하시고 그렇게 함으로 하나님의 지배와 통치를 받아 자기중심의 삶이 아니라, 하나님 중심의 삶을 살도록 만들어 주신다.

02 십자가 구속의 은총

예수 그리스도의 전 생애와 사역은 십자가를 통한 구속을 이루기 위함이다. 예수 그리스도의 십자가는 하나님의 비밀이며 십자가 속에 생명이 있다. 십자가를 깨닫지 못하면 생명도 구원도, 능력도 없다. 십자가 속에 믿음이 있고 구원이 있고 죄 사함과 의인됨 천국의 현재와 미래가 있다. 십자가 속에 구속이 있고 하나님의 사랑이 있고 감격이 있고 영적 생명이 있고 믿음이 있고 구원이 있고 천국이 있고 천국의 복락도 영생도 십자가 속에 있다. 십자가 속에 형통이 있고 범사가 잘되는 것도 십자가 속에 있다. 십자가는 단순히 구원의 심볼이나 구원의 상징이 아니고 악세사리도 아니다. 단순히 머리로만 아는 지식도 아니다. 십자가 속에 하나님의 모든 은혜와 축복이 담겨져 있다. 기도 응답과 치유 등 모든 비밀이 있다. 십자가는 나의 옛사람인 죄에 대하여 죽고 하나님에 의하여 다시 사는 실제적인 사건이다.

십자가를 지식으로만 아는 자는 형식적으로 종교 생활만 하는 것이다. 신앙생활은 머리로 해서는 안 된다. 어떤 사람이 세상에서 가장 멀고 길이 먼 여행이 머리에서부터 가슴이라고 하는데 대부분 신자들이 지식으로만 알고 가슴까지 가지 못하고 있다. 한 뼘 밖에 안 되는 머리와 가슴까지의 거리로 가야 한다. 가슴에 예수 그리스도의 생명의 은혜가 철철 흘러 넘쳐야 한다. 예수님을 믿는 신자는 그 배에서 생수의 강이 흘러가게 된다. 이것은 믿는 자가 받을 성령의 역사하심으로 가능하다. 우리도 예수를 위하여 죽음에 넘겨짐으로 예수 생명이 우리 죽을 육체에 나타나야 한다 고후 4:10,11. 예수님과 연합된 생명의 역사가 차고 넘쳐서 흘러가야 한다. 신자는 매일 매시간 십자가 구속의 은총으로 인한 벅찬 감격과 기쁨이 있어야 한다. 눈물을 흘리며 흐느껴 울면서 어떻게 나 같은 죄인이 구원을 받았나 하는 감사와 감격으로 뜨거워져야 한다. 십자가를 깨달으면 가슴이 뭉클해지고 감격의 눈물이 흘러나오고 흐느껴 울게 되는데 눈물을 닦으면 또 나오고 닦으면 또 나오는 신비한 현상이 나타나게 된다. 십자가를 지시고 승리하신 예수 그리스도를 바라보고 의지하며 순종하여야 한다. 이렇게 되면 내 고집도, 내 주장도, 내 생각도 다 십자가에 못 박고 십자가의 길을 가게 된다.

갈 6:14 "그러나 내게는 우리 주 예수 그리스도의 십자가외에는 결코 자랑할 것이 없으니"

새 257장 "나 같은 죄인이 용서함 받아서 주 앞에 옳다함 얻음은 확실히 믿기는 어린 양 예수의 그 피로 속죄함 얻었네"

새 270장 "십자가 단단히 붙잡고 날마다 이기며 나가세 머리에 면류관 쓰고서 주 앞에 찬양할 때까지 예수는 우리를 깨끗게 하시는 주시니 그의 피 우리를 눈보다 더 희게 하셨네"

> ✪ 소그룹 말씀 나눔과 적용
>
> 1. 십자가는 사죄, 칭의, 생명의 십자가이다. 이 말씀의 의미는?
> 2. 신자의 신앙생활은 십자가의 구속을 깨닫는데서 부터 시작된다. 나의 신앙생활 중에 처음 사랑을 깨달은 시기는 언제인가?
> 3. 내가 예수 믿기 전과 후는 어떤 차이가 있는가?

06

성령과 하나님 나라

예수님께서 다락방 설교에서 자신이 떠나면 보혜사 성령을 보내주신다고 말씀하셨다. 요 14장부터 16장은 성령의 역사가 어떻게 지상 교회에 이루어질 것인가를 자세히 설명하고 있다. 오순절 성령 강림은 승천하신 예수님의 관점으로 볼 때 예수께서 다윗 언약의 성취로 천상의 하나님 보좌 우편에서 천상 왕으로 통치하기 시작하였음을 결정적으로 보여 준다. 그가 보내신 성령은 이 땅에서 예수님의 천상 통치를 구현하는 대리자임을 보여준다.

성령님은 예수 그리스도의 재림 때까지 지상에서 그를 대신하여 지상에서 주권을 행사하신다. 땅에서 일어나는 성령의 모든 역사는 하나님 보좌 우편에 앉으신 예수님의 역사이다. 예수 그리스도의 천상 통치를 성령은 지상에서 대행하신다. 성령님은 하나님의 영이시며 또한 그리스도의 영이시다. 성령님은 실제적으로 하나님의 구원의 통치인 주 예수 그리스도의 구원의 통치를 실제화 하는 대리인이다. 오순절 날에 임하였던 성령은 그리스도를 대신하여 교회의 감독과 총 관리자로 역사하신다.

> 고전 12:3 "성령이 아니고서는 누구든지 예수를 주시라 할 수 없느니라"
>
> 엡 6:17,18 "구원의 투구와 성령의 검 곧 하나님의 말씀을 가지라 모든 기도와 간구를 하되 항상 성령 안에서 기도하고 이를 위하여 깨어 구하기를 항상 힘쓰며 여러 성도를 위하여 구하라"

하나님의 나라는 주 예수 그리스도께서 이 땅에 오셔서 십자가의 구속을 이루시고 부활하셔서 하나님 보좌 오른편의 영광을 얻으신 후로 공식적으로 시작되었다. 즉, 주 예수 그리스도께서 성령을 보내신 사건은 인자이신 둘째 아담이 왕위에 오르신 것을 의미하며 동시에 하나님의 나라가 이 땅에 성령을 통해 공식적으로 출범하였음을 시사하는 것이다.

그 나라는 성령의 오심으로 공식적으로 시작된 하나님의 나라이다. 그 나라는 민족에게 국한될 수 없는 하나님의 나라로서 온 세상을 향하여 나아가고 있다. 사도들은 예수 그리스도가 하나님의 아들이시며 메시아이심과 그리스도를 통한 회개와 죄사함과 칭의 복음뿐만이 아니라 이웃과의 관계에 까지 총체적인 복음(Holistic Gospel)을 전하는 일을 하여야 한다. 세속적인 가치관이 아니라 하나님 나라의 소중함과 가치와 정신을 가지고 삶의 전 영역에서 그리스도가 주 되심과 그의 다스림을 받는 것이다. 그 나라는 죄 사함의 복음과 함께 영혼을 구원하여 통치하면서 지금도 진행하고 있다.

지금 하나님의 나라는 성령의 권능으로 이 땅에 영적으로 임재 하여 있는 나라이다. 따라서 성령으로 거듭나야 그 나라에 들어갈 수 있으며 성령 안에서 하나님의 나라를 체험할 수 있다. 하나님의 나라가 예수님의 구속 사역의 완성으로 인하여 성령과 함께 이 땅에 이미 임하였지만, 아직 물리적으로 도래하지 않았다는 것이다.

그러므로 천국은 아직 물리적으로는 이루어지지 아니한 미래적 나라이며 마 3:2, 동시에 성령 안에서 이 땅에 와 있는 나라이다. 눅17:21에 하나님의 나라는 볼 수 있게 임하는 것이 아니요 또 여기 있다 저기 있다고도 못하니 하나님의 나라는 너희 안에 있느니라고 말씀하셨다. 주님의 통치를 받는 신자들 안에 의와 평강과 희락으로 다스리신다. 사실, 하나님 나라는 창세 때부터 예비되어 있었던 나라로서 마 25:34, 예수님의 재림과 함께 이 땅에 영원히 서게 되는 나라가 된다.

하나님의 나라는 에덴에서 시작하였다가 일시적으로 멈추었지만 이제 그리스도 예수 안에서 성취되어 성령 안에서 이 땅에 영적으로 임하였고 이제 주의 재림과 함께 우주적인 하나님의 나라와 영원한 나라로 이 땅에 임하게 된다. 그러므로 하나님의 나라는 영적으로 도래하였고, 성령은 주님 재림 때까지 그 나라의 백성을 복음으로 모으고 있다. 이에 누구든지 복음을 듣고 믿으면 성령으로 거듭나서 당장 하나님 나라에 들어가게 되는 것이다 요 3:3-5.

오순절 날에 임하였던 성령은 그리스도를 대신하여 교회의 감독과 총 관리자로 역사하신다. 우리가 성령에 대하여 많은 부분을 모르고 있고 또 완전히 이해하는 것은 불가능하다. 단지 우리는 성경에서 말씀하는 범위 내에서 성령을 깨닫고 이해할 수 있다.

"도와주시기 위해 옆에 계시는"보혜사 성령(파라클레토스)은 신자 안에 영원토록 내주하시며 믿음 안에서 살아가도록 도우신다. 물과 성령으로 죽었던 인간을 거듭나게하는 것이 성령의 역사이다. 거듭나지 않고서는 하나님 나라에 들어갈 수 없다. 허물과 죄로 죽은 인간은 반드시 영적으로 두 번 태어나야 하나님 나라에 들어간다. 또한 성령으로 세례를 주어 인치심으로 예수님을 주라 고백하게 하시며 예수를 믿게 하신다 고전 12:3.

예수 그리스도가 구세주로 믿어지는 마음이 생겨 천국 백성이 된 것은 세상의 어떤 종교도 할 수 없으며 어떤 귀신도 할 수 없는 하나님만이 하시는 사건이다. 성령님은 그의 가르침을 생각나게 하시며 진리 가운데로 인도하셔서 예수 그리스도의 영광을 드러나게 하시며 하나님을 아빠(Abba), 아버지라 부르게 하신다. 기도할 때마다 우리의 연약함을 말할 수 없는 탄식으로 도우시며 하나님의 뜻대로 간구하도록 돕는 일을 하신다 롬 8:26-27.

참된 믿음을 통하여 포도나무이신 예수 그리스도와 연합하게 하여 그의 모든 은사에 참여하도록 준비하게 하여 주신다. 신비적 결합을 이룬 신자는 실존적인 결합을 통하여 예수님의 생명이 가지인 신자에게 오게 된다. 성령께서 하나님의 사랑을 우리 마음에 계속 부어 주셔서 배에서 생수의 강이 흘러넘치게 하신다 롬 5:5, 요 7:38. 예수님은 포도나무요 신자는 가지로서 떨어질 수 없는 연합의 관계이기에 성령은 그리스도와 연합하도록 성령으로 세례를 주어 그리스도의 말씀을 생각나게 하여 신자가 순종함으로 열매가 맺혀짐으로 인하여 하나님께 영광을 돌리게 한다. 영으로서 몸의 행실을 죽게 하여 성령의 열매를 맺게 하심으로 그리스도를 닮아 가게 하심으로 하나님께 영광을 돌리게 하신다 요 14:26, 16:14.

하나님 나라에 들어가는 과정에는 많은 고난이 있지만 행 14:22 성령은 영원토록 우리와 함께 하시기에 날마다 성령 충만을 받음으로 마지막에 완성될 하나님 나라에 넉넉히 들어가게 하신다.

미국 웨스트민스터 신학교 실천 신학 교수였던 Edmund P Clowney 박사는 신자의 복음 전도 사역을 설명하면서 그것을 하나님 나라의 관점에서의 복음 전도(Kingdom Evangelism)라는 개념으로 제시하였다. 즉 복음 전도란 하나님 나라의 관점에서 이해되는 복음 전도로서 설명되어져야 한다고 하였다. 그리스도께서 우리에게 맡기신 복음이란 바로 하나님께서 일찍이 구약 시대로부터 약속하셨던 메시아 왕국의 성취에 대한 관한 복된 소식을 전하는 메시지임을 말하려 한 것이다. 그 나라는 현재 그리스도의 나라이며 성령의 권능이 역사하는 나라이다. 즉, 십자가의 도를 통해 죽은 영혼들을 살리는 것이 하나님의 나라이다. 그렇다면 죽은 영혼들이 그 나라에 들어오도록 그들을 위해 기도하는 것이 하나님 나라를 구하는 것이다. 또한 그 나라에 들어온 자들은 성령 안에서 말할 수 없는 희락과 평강과 만족을 누리는 나라이다. 그렇다면 주 예수 그리스도를 향한 감사 때문에 더욱 죄와 사탄을 물리치는 순종의 삶이 하나님 나라를 구하는 삶이다. 자기를 순종하는 자에게 주시는 성령이시다. 예수 생명의 역사는 순종을 통해서 이루어진다. 고난과 핍박이 있어도 그의 말씀을 붙잡고 순종하여야 한다. 그리스도와 신비적 연합이 이루어진 우리들이 그와 실천적 연합이 이루어져야 한다. 삶의 모든 영역에서 그리스도의 통치가 임하도록 순종하고 말씀과 기도로 더욱 그리스도와 연합하여 예수 생명의 역사가 흘러 넘쳐 나가야 한다.

> ✪ **소그룹 말씀 나눔과 적용**
> 1. 성령님의 구원 사역은 어떻게 이루어지는가?
> 2. 성령께서는 나의 전도 사역에 어떤 역할을 하는가?
> 3. 은혜 체험, 성령 체험의 경험을 나누어 보라.

07

하나님 나라와 교회

하나님 나라 복음은 모든 그리스도인들의 신앙의 출발점인 동시에 신앙의 원동력이다. 하나님 나라 복음에 대한 이해가 신앙생활의 현재와 미래를 규정한다. 안타깝게도 많은 사람들이 예수님을 영접하고 죄 사함 받아 천국 백성이 되었으면서도 천국 복음의 기쁨과 소망을 누리지 못하고 있다. 하나님께서 신자에게 천국의 실존을 보여주신다면 모두다 천국에 들어가고 싶어 할 것이다. 미래에 다가올 하나님 나라는 기대하고 간절히 사모할만한 영원한 본향이다. 예수님이 전하신 하나님 나라는 민족적이며 정치적인 나라도 아니고 물질적인 축복의 나라도 아니다. 초대교회 성도들은 예수 그리스도의 십자가와 부활, 재림의 신앙을 통해 이루어질 천국 소망을 가졌기에 고난과 핍박을 견디는 일을 하였다.

로마 캐톨릭 교인들은 교회 안에 구원이 있다고 알고 있고, 교회를 하나님의 나라와 동일 시 한다. 교회 안에 구원이 있는 것으로 생각한다. 풀러 신학교 신약학 교수였던 죠지 래드(George Eldon Ladd, 1911-1982)는 하나님 나라와 교회의 관계를 다섯 가지로 요약해서 설명하였다.

1) 교회는 하나님 나라가 아니다. 왜냐하면 예수님과 초대 기독교인들은 하나님의 나라가 가까웠다고 설교했지 교회가 가까웠다고 설교하지 않았으며, 천국 복음을 전했지 교회 복음을 전하지 않았기 때문이다.

2) 하나님의 나라가 교회를 형성한다. 왜냐하면 사람들은 하나님 나라에 들어가면서 교회의 인간적인 교제에 속하게 되기 때문이다라고 하였다.

3) 교회는 하나님의 나라를 증거한다. 왜냐하면 예수님께서 이 천국 복음이… 온 세상에 전파되리니 마 24:14라고 말씀하셨기 때문이다.

4) 교회는 하나님 나라의 수단이다. 왜냐하면 교회는 하나님 나라의 능력을 나타내는 도구로서 예수님의 치유 사역과 함께 성령은 제자들을 통해 병든 자를 고치시고 귀신을 쫓아내는 일을 하였다.

5) 교회는 하나님 나라의 관리자이다. 왜냐하면 천국의 열쇠가 교회에 주어졌기 때문이라고 하였다 마 16:19.

이와 같이 하나님 나라와 교회는 동일한 것은 아니다. 그러나 떨어질 수 없는 관계로 맺어 있다. 하나님 나라는 교회를 통치하고, 교회는 하나님 나라 통치의 결과이고, 교회의 머리가 되시는 예수님이 주(Lordship)

가 되시고, 왕(Kingship)이 되시는 통치에 응답하고 순종한 자들의 모임이다. 교회는 하나님 나라의 백성들이고, 그 나라의 상속자들이고, 그 나라의 증인들이다. 교회는 하나님 나라를 경험한 자들이고, 그 나라를 관리하는 자들의 모임이다. 하나님의 나라는 교회를 창조하고, 교회는 하나님 나라를 증거 한다. 눈에 보이는 지상 교회는 알곡과 가라지가 함께 자라지만 죄와 죽음과 사탄의 권세를 깨트리신 예수님으로 인하여 신자와 교회는 최종적으로 승리한다.

하나님 나라에 눈을 뜬 신자는 주님의 나라가 다가오고 있음을 깨닫고 그 나라를 위하여 준비하는 삶을 살게 된다. 이것이 신자에게 있어서 참된 소망이다. 하나님이 자기 피로 사신 그리스도의 몸 된 교회는 지상 교회는 함께 하나님 나라를 이루어 가야할 사명을 가지고 있다. 십자가 복음의 말씀을 듣고 은혜를 받아 예수 생명의 복음이 흘러가도록 그리스도의 사랑으로 하나가 되어 서로 교제하며 기도하므로 성령 충만을 받아 세상에 나가 하나님 나라 복음을 땅 끝까지 전하는 일을 순종하는 일을 하여야 한다.

> **마 13:37-40** "대답하여 가라사대 좋은 씨를 뿌리는 이는 인자요 밭은 세상이요 좋은 씨는 천국의 아들들이요 가라지는 악한 자의 아들들이요 가라지를 뿌린 원수는 마귀요 추수 때는 세상 끝이요 추숫꾼은 천사들이니 그런즉 가라지를 거두어 불에 사르는 것 같이 세상 끝에도 그러하니라"

하나님의 나라가 이미 왔음에도 그 영광과 권세를 완전히 드러내지 않고 숨겨진 모습으로 이 땅에 들어온 하나님 나라의 신비는 죄인들을 하나님의 나라로 초대하려는 하나님의 사랑과 오래 참으심 때문이다. 세상 사람들은 이렇게 임한 하나님의 나라를 이해하지 못하지만 마지막 때에는 반드시 심판하신다.

1) 교회 안에는 알곡과 가라지가 함께 자라난다.

   롬 9:13,14 "기록된바 내가 야곱은 사랑하고 에서는 미워하였다 하심과 같으니라 그런즉 우리가 무슨 말하리요 하나님께 불의가 있느뇨 그럴 수 없느니라"

   요일 4:1 "사랑하는 자들아 영을 다 믿지 말고 오직 영들이 하나님께 속하였나 시험하라 많은 거짓 선지자가 세상에 나왔느니라"

2) 하나님 나라의 사역이 은밀하게 진행되고 있지만 원수(마귀) 또한 사람 가운데 넘어지게 하며 불법을 행하면서 역사하므로 많은 분열과 환난이 있다.

   마 13:41 "인자가 그 천사들을 보내리니 저희가 그 나라에서 모든 넘어지게 하는 것과 또 불법을 행하는 자들을 거두어 내어 풀무 불에 던져 넣으리니 거기서 울며 이를 갊이 있으리라"

3) 마지막 심판 때 가라지가 드러난다. 가라지를 뽑아버린다.

   마 13:29 "주인이 가로되 가만 두어라 가라지를 뽑다가 곡식까지 뽑을까 염려하노라 둘 다 추수 때까지 함께 자라게 두어라 추수 때에 내가 추수

꾼들에게 말하기를 가라지를 먼저 거두어 불사르게 단으로 묶고 곡식은 모아 내 곳간에 넣으라 하리라"

> ⭐ **소그룹 말씀 나눔과 적용**
>
> 1. 교회 안에 이단자들을 분별할 수 있는가?
> 2. 이단의 정의와 주장하는 내용의 문제는 무엇인가?
> 3. 이단자들을 대할 때의 성경적인 자세는? 요 2:10,11
>
> 딛 2:10,11 "이단에 속한 사람을 한두번 훈계한 후에 멀리하라 이러한 사람은 네가 아는바와 같이 부패하여 스스로 정죄한 자로서 죄를 짓느니라"

08

복음 전도와 선교

"또 이르시되 너희는 온 천하에 다니며 만민에게 복음을 전파하라 믿고 세례를 받는 사람은 구원을 얻을 것이요 믿지 않는 사람은 정죄를 받으리라" 막 16:15,16

복음을 선포(케리그마 kerygma)하는 것과 가르치는 것(디다케 didache)도 전도의 하나이기에 사역자가 교회 안에서 설교하는 것, 말씀을 전하여 양육하는 것도 전도의 일부분이라 할 수 있다. 전도는 양육과 함께 가야한다. 교회 데리고 오는 것만이 끝이 아니다. 전도 받은 사람이 그리스도의 제자로 양육이 되어야 한다.

오늘날 현실은 전도에 실제적으로 참여한 직분자들도 전도가 안 되고 전도가 어렵다는 말을 한다. 교회의 전도가 어려운 이유는 여러 가지가 있겠지만 신자가 세상에 소금과 빛이 되지 못한 것, 교회가 세상에 대한 책임을 감당하지 못한 것도 이유가 될 수 있다. 전도지 들고 거리에서 "예수 천당 불신 지옥"하면서 상대방의 인격을 배려하지 않고 일방적으로 "예수 믿으라 안 믿으면 지옥간다"라는 전도 방법에 대하여 많은 거부감을 갖고 있는 현실이다.

믿지 않는 많은 비 기독교인들에게 복음의 내용이 문제가 아니라 복음을 전하는 우리의 자세가 문제가 되기 때문에 거부 반응이 일어난다. 우리 자신이 먼저 복음이 되어야 한다. 나라는 존재가 복음을 가로막고 있는 실정이다. 그리스도를 만난 처음 사랑을 회복하여야 한다. 복음을 전하는 신자의 모습에서 예수의 사랑이 넘쳐흘러야 한다. 영혼을 압도하는 하나님의 풍성한 사랑에 장악 당하여야 한다. 예수께서는 무리를 보시고 민망히 여기셨고 창자가 끊어지는 아픈 마음으로 사람을 불쌍히 여기셨다. 나와 친분이 없고 나와 문화와 언어가 다른 민족에게 전도하는 것도 쉬운 일이 아니다. 그렇지만 처음 은혜 받고 첫 사랑에 감격하던 그 은혜가 회복되면 전도의 큰 힘을 얻을 수 있다. 우리 안에 거하시는 성령으로 말미암아 하나님의 사랑이 우리 마음에 계속 부어져야 한다. 내 안에 하나님의 사랑이 차고 넘쳐야 한다 롬 5:5.

기도함과 동시에 우리에게 임한 하나님의 크신 사랑을 다시 묵상하여야 한다. 거룩하신 하나님 앞에 아무 내세울 것이 없는 죄인인 우리들을 받아주신 그 은혜와 사랑에 진심으로 감사한다면 그리스도의 지상 명령(Great Commission)을 순종할 수 있다.

그런 의미에서 신자는 예수님의 사역과 섬김, 사랑 등 모든 면에서 본 받아야 한다. 예수님을 닮아가는 일을 하여야 한다. 예수님은 "이 세상에 가장 위대한 복음 전도자"이시다. 예수님은 어떤 전도의 기술을 가르치지 않았다. 또한 상대방을 생각하지 않는 일방적인 전도도 아니었다. 대화를 통해 이야기 식으로 많은 사람들을 만나시며 교제하셨다. 예수님은 99마리 양(자기가 스스로 의인이라고 생각하는)을 들판에 두고 길 잃어버린 한 마리 양을 찾아다니는 목자의 심정이셨다. 예수님은 유대인들이 가지 않는 사마리아 지역을 예루살렘에서 수십 키로 되는 거리를 직접 찾아가셔서 수가라는 동네에 물 길러 온 여인과 대화하며 배려와 존중으로 상대방을 감동시키는 전도를 하셨다. 전도가 어려울수록 섬김과 희생으로 남을 존중하고 배려하며 인격적 감동을 주는 예수님의 전도의 방법이 필요한 때이다.

일반적으로 전도라 하면 헬라어의 유앙겔리온 "좋은 소식, 복된 소식을 전한다는" 의미이며 선교란 영어의 mission '보낸다'(send)의 의미를 가진 라틴어 'mitto'에서 파생되었다. 선교는 "하나님의 보내심을 입고 나아가 복음을 전하는 일"이라고 할 수 있다. 그런 의미에서 전도의 목적과 선교의 목적은 동일하다. "불신자들에게 복음을 전하여 불신자들이 예수를 나의 주로 고백함으로 예수의 이름으로 구원을 받게 함으로 하나님의 나라를 확장해 가는 것"이다.

도날드 맥가브란(Donald A McGavran)은 "선교란 예수 그리스도를 따르지 아니하는 사람에게 전도하기 위하여 복음을 들고 문화의 경계를 넘는 것이며, 또한 사람들을 권하여 예수를 주와 구주로 영접하게 하여 그의 교회의 책임적인 회원이 되게 하며, 성령이 인도하시는 대로 전도와 사회 정의를 위한 일을 하며, 하나님의 뜻이 하늘에서 이룬 것 같이 땅에서도 이루게 하는 것"이라고 하였다. 이와 같이 선교는 좀 더 넓은 의미로 개인의 영혼을 구원하는 일과 가난한 이들을 구제하는 일과 공의를 실천하는 일 등 하나님의 통치가 개인과 삶의 전 영역에서 펼쳐지는 하나님 나라의 도래를 의미한다.

오늘날의 현대 선교학에서는 전도와 선교의 의미의 차이는 무의미해지고 있다. 전도와 선교는 심장과 몸의 관계와 같다. 전도는 심장이며 선교는 몸이다. 심장은 온 몸에 생명력을 돌게 하는 공급원이다. 심장의 힘찬 박동이 없이 몸이 움직일 수 없다. 베드로의 유대인을 향한 전도가 기초가 되었기에 사도 바울이 이방 선교에 커다란 역할을 하였던 것처럼 지역 전도와 해외 선교는 피차 떨어질 수 없는 관계이다. 지역 전도와 선교는 함께 가는 것이다. 일반 평신도가 지역에서 전도하는 것이나 선교사가 언어와 문화가 다른 지역에서 선교하는 것과 지역에서 전도하는 것 모두가 하나님 나라 확장하는데 귀한 도구가 된다. 계 5:9에 "족속과 방언과 백성과 나라 가운데에서 사람들을 피로 사서 하나님께 드리는 날이 천상에서 이루워진 것처럼 오늘 전도자를 통해 예수 생명의 복음은 반드시 흘러가게 된다.

골 4:1,2 "기도를 계속하고 기도에 감사함으로 깨어 있으라 또한 우리를 위하여 기도하되 하나님이 전도할 문을 우리에게 열어 주사 그리스도의 비밀을 말하게 하시기를 구하라"

> ✪ 소그룹 말씀 나눔과 적용
>
> 1. 전도의 의미는?
>
> 2. 전도와 선교의 차이점과 문제점은?
>
> 3. 전도는 기도를 통해 문이 열립니다. 나의 기도 시간은 얼마만큼 되며 전도에 관련된 기도를 어떻게 하는가?

09

회심을 통한 전인적 변화

"이같이 너희 빛이 사람 앞에 비치게 하여 그들로 너희 착한 행실을 보고 하늘에 계신 너희 아버지께 영광을 돌리게 하라" 마 5:16

예수 그리스도를 주인과 구세주로 영접하여 하나님의 자녀가 된 신자는 세상의 소금이며 세상의 빛이다. 소금은 부패와 썩는 것을 방지한다. 신자들끼리 모이는 것이 아니라 세상에 안 믿는 사람들에게 소금과 빛이 되어야 한다. 삶의 전 영역에서 하나님께 영광을 돌리는 생활을 하여야 한다. 그런데 신자의 정체성을 제대로 알지 못하고 다니는 사람들은 자신의 성공이나 번영, 축복에 더 많은 관심을 가지고 있다. 그것이 신자의 목적이라고 생각하고 있다. 구원받지 못하였으면서도 구원받은 줄로 착각한다. 회개한 경험이 없으면서도 회개했다고 생각한다. 구원과 회개에 대한 설교를 듣고도 나와 상관이 없다고 생각하는 신자들이 너무 많이 있다. 신자에게 있어서 가장 큰 축복은 죄 사함의 은혜이다. 세상에서 가장 축복받은 신자는 죄용서를 통해 의롭다함을 받은 자이다. 바울은 다윗의 죄 용서를 통해 불법이 사함을 받고 죄가 가리어짐을 받은 사람들은 복이 있고 주께서 그 죄를 인정하지 아니하실 사람은 복이 있도다 라고 하셨다 롬 4:7,8. 이것은 영원한 속죄 사건이며 법적으로 무죄 선고이다. 예수 그리스도의 속죄 사건은 우리를 죄에 대하여 죽고 하나님에 의하여 살아난 사건이다.

오직 믿음으로 말미암아 그리스도와 연합되었을 때에 롬 6:5 그리스도의 죽음과 의가 우리의 것이 되었다. 우리는 그리스도와 함께 죽었고 그리스도의 의는 그리스도와 연합 안에서 우리의 것이 되었다. 이제 신자는 죄에 대하여 죽은 자요 그리스도 예수 안에서 하나님께 대하여 살아 있는 자로 여김을 받게 되었다 롬 6:11.

우리 옛 사람이 예수와 함께 십자가에 못 박힌 것은 죄의 몸이 죽어 다시는 우리가 죄에게 종노릇 하지 아니함이니 이는 죽은 자가 죄에서 벗어나 의롭다 하심을 얻었기 때문이다 롬 6:6. 예수님이 만들어 놓은 의는 우리 죄를 대속하기 위한 의이며 율법을 온전히 순종하심으로 만들어진 의이다. 이런 칭의를 믿음으로 값없이 거저 받아 가진 것이다.

웨슬리는 이런 찬송을 하였다. 예수여 당신의 피와 의는 나의 아름다움이며 나의 영광의 옷이니이다 그 옷을 입고 불 타오르는 세상 가운데서 기쁨으로 내 머리를 들겠나이다. 그는 "모든 신자에게 그리스도의 의가 전가(imputation)된다. 그러나 불신자에게는 전가되지 않는다 라고 하였다.

그리스도의 십자가 사건으로 우리는 의롭게 되었다(의인). 하나님의 법정적 선언이다. 의롭다 선언을 받은 축복이 이 세상에서 가장 큰 축복이다. 이제 의롭게 된 신자는 죄와 싸워야 한다. 영으로서 몸의 행실을 죽여야 한다. 존 오웬은 죄를 죽이라 그렇지 않으면 죄가 당신을 죽인다고 하였다. 명백한 것은 오직 우리가 그리스도 안에서 죽었을 때 죄를 죽일 수 있으며 오직 전가된 의의 작용으로서만 실질적인 의를 취할 수 있다. 그리스도의 전가된 의로 의로워지는 것이다.

의롭게 된 신자는 말씀대로 살려고 애를 쓴다. 사실 순종의 삶이 바탕이 되어 있는 성도일수록 죄의 속임수에 더욱 민감하게 반응하게 되어 있다. 비록 구원받은 몸으로 살아가고는 있지만 부단한 전투 외에는 그 죄를 이길 방법이 없다는 것을 절실히 느껴야 한다.

성화의 전투는 그리스도 안에 있는 우리의 본 모습이 되는 것, 즉 죄가 언제나 활동하고 있는데도 죄 죽이기를 계속하지 않는다면 우리는 패잔병들이다. 죄는 교묘하고 강력하여 고삐를 늦추지 않는다. 호시탐탐 우리의 영혼을 죽이기 위해 기회를 엿본다. 그런데도 나태하고 우둔하여 감각 없는 자처럼 앉아 있겠는가? 아무런 대책도 없이 멸망으로 치닫고 있다면 어떻게 평온한 삶을 기대할 수 있겠는가? 공격을 당해서 후퇴하던지, 아니면 죄를 이겨서 승리하던지 둘 중에 하나이다. 죄를 막는 길은 오직 죽이는 것 밖에 없다. 그러므로 시간마다 죄의 뿌리를 마르게 하고 그 머리를 쳐서 그것이 지향하는 목표를 원천 봉쇄하여야 한다. 제 아무리 신실한 성도라고 할지라도 이 임무를 포기해서는 안 된다.

존 오웬은 성령과 새사람을 동원하여 죄를 이기라고 하였다. 성령의 도우심으로 몸의 행실을 죽여야 한다. 이 일을 넉넉히 행하실 분은 오로지 성령이시다. 성령은 우리가 기뻐하시는 대로 우리 안에서 역사하신다. 갈 5:24 그리스도 예수의 사람들은 육체와 함께 그 정욕과 탐심을 십자가에 못 박았느니 라고 하였다. 갈 5:25에 만일 우리가 성령으로 살면 성령으로 행할지니 즉 우리 안에 성령의 은혜가 차고 넘쳐 그 은혜를 따라 살아가게 되면 육의 열매가 소멸되는 것이다. 딛 3:5에 성령으로 인하여 새롭게 되는 이것이야말로 죄를 죽이도록 고안해 놓은 하나님의 위대한 장치이다.

성령은 우리 가운데서 은혜들이 싹이 트고 성장하며 무성하게 번져 나가게 하신다. 성령의 은혜들은 육신의 모든 열매와 정반대편에서 작용한다. 성령은 죄의 뿌리와 습관에 물리적인 효과를 가하신다. 좋지 못한 구습에 성령은 실제로 개입하셔서 그 부분을 약화시키고 소멸하며 제거하신다. 그래서 성령을 가리켜 심판하는 영과 소멸하는 영 사 4:4 이라고 말하는 것이다. 성령은 강력한 능력을 발휘하여 돌 같은 마음을 제거하신다. 일단 죄악의 유형에 따라 역사가 시작되면 점점 강도를 높혀 가다가 결국 정욕의 뿌리 자체를 태워버린다.

성령은 믿음을 통하여 죄인의 마음에 그리스도의 십자가를 생각나게 해서 그리스도와 교통하게 하신다. 그 중에서도 특별히 그 분의 죽음을 묵상하게 하며 그 고난에 동참하게 하신다.

죄를 죽일 수 있는 것은 오로지 성령을 통해서만 가능하다. 성령을 배제한 다른 모든 수단은 다 헛것이다. 그리스도의 성령만이 그 일을 행하신다. 바울은 누구든지 그리스도의 영이 없으면 그리스도의 사람이 아니라고 하였다 롬 8:9. 여러분은 그리스도의 사람이고 주님과 관계를 맺고 있는가? 그렇다면 여러분에게는 죄를 죽일 수 있는 능력의 소유자인 성령이 계신다. 그리스도께서 너희 안에 계시면 몸은 죄로 말미암아 죽은 것이다 롬 8:10. 그리스도의 영이 거하는 몸은 죄에 대하여 이미 죽었으며 앞으로 지을 죄에 대하여서도 죽이는 일은 계속 진행된다. 우리가 성령으로 말미암아 그리스도와 더불어 연합해야만 그 안에서 성령이 우리의 필요를 따라 적절하게 역사하신다 롬 8:11. 그리스도와 관계를 맺지 않은 상태에서 육신의 정욕을 죽이고자 하는 것은 모두 헛된 것이다.

요 15:5 나는 포도나무요 너희는 가지라 그가 내 안에 내가 그 안에 거하면 사람이 열매를 많이 맺나니 나를 떠나서는 아무 것도 할 수 없음이라

신자가 그리스도 안에서 신비적인 연합을 이루어 실제적 연합을 이룰 때 성령 충만하여 죄를 이길 수 있다.

기독교 구원에 있어서 회심은 절대적으로 중요한 요소이다. 회심

(conversion)은 단순히 윤리적인 악한 마음에서 새 것으로 바꾸는 (change) 내적인 결단만이 아니라 자신의 근본적인 죄악을 버리고 하나님께 돌아서는(turn to God) 변화를 의미한다.

법적으로 의롭다 칭함을 받은 신자는 이미 목욕했기에 이제 발 씻는 일을 하여야 한다. 중생한 신자의 회개(repentance)는 일상생활에서 그리스도와 교제함으로 풍성한 삶을 살아가게 한다. 그렇지만 내 안에 있는 악과 세상은 가만히 놔두지 않는다. 하나님의 부르심과 중생케 하심으로 믿음을 시작한 성도들은 악과 유혹에 싸워야 하며 하나님의 요구에 부족한 자신을 깨닫고 자신의 죄악 된 삶을 회개해야 한다. 이미 중생한 신자는 날마다 발 씻는 회개를 통해 장성한 신자로 자라나게 된다 요 13:10. 그런데 문제는 삶에 변화가 따라오는 진정한 회심과 그 이후에 이루어지는 회개가 없다는 것이다.

어떤 선교 단체에서는 예수님 영접에 대한 부분만 강조하는 경우도 있다. 예수님 영접(믿음)과 회심은 함께 가야 한다. 진정한 회심 없이 구원에 이를 수 없다. 삶의 총체적인 변화, 즉 전인적 변화가 따라야만 진정한 회심이라고 할 수 있다.

유대인들은 너희가 십자가에 못 박은 이 예수를 하나님이 주와 그리스도가 되게 하셨느니라 고 설교 하였을 때에 죄의 문제로 양심이 찔렸다. "우리가 어찌할꼬"하며 부르짖었다. 베드로는 너희가 회개하여 예수 그리스도의 이름으로 세례를 받고 죄 사함을 받으라 그리하면 성령을 선물로 받는다고 하였다 행 2:38. 성도의 첫 발걸음이 철저히 회심으로 시작한 것이다.

하버드 대학을 졸업한 역사학자이며 교회사를 연구한 알렌 크라이더 박사(Alan Kreider)는 "회심의 변질"이란 책에서 초대교회의 회심을 연구하였는데 3B의 회심 즉 Belief(신앙, 신념) Behavior(행동) Belonging(교회 소속, 멤버쉽)의 세 가지 변화가 수반되어야 한다는 것을 깨달으면서 큰 충격을 받았다고 하였다. 이렇게 3B의 회심이 뚜렷하였기에 당시 그리스도인의 변화된 삶은 다른 이들을 개종 시킬만한 충분한 매력이 있었으며 이것이 당시 초대교회 성장의 열쇠이다. 초기 기독교인들은 그리스도인이 핍박과 처형을 당하는 것을 수시로 목도했고 기독교인의 개종은 자신들의 재산, 지위, 목숨을 잃는 것임을 알았다.

특히 초대 교회는 예비신자(새 신자)들에게는 3년이라는 검증 과정을 통해 행동과 삶의 총체적인 3B 회심의 변화를 보고 세례 예식을 거행하였다. 특별히 십일조 생활을 회심의 일부분으로 확인하였다. 돈과 명예, 욕심, 성적인 것에 대한 가혹하리만큼 엄격한 윤리적 기준을 고수했고 이를 준수하는 경우에만 신앙의 형제 자매로 받아 들였으며 이런 변화된 자에게 세례를 베풀었다. 그들의 지독한 회심의 열매를 본 불신자들이 감동을 받은 것이 교회 성장의 원동력이 되었던 것이다. 나그네를 대접하며 고아와 과부를 돕고 물질을 가난한 자에게 베풀며 원수를 용서하는 일을 하였다. 일상생활에서 총체적인 변화 그들의 변화된 삶을 통해 불신자들이 감동을 받고 칭찬을 받아 하나님이 더 많은 숫자의 부흥을 주신 것이다. 오늘날 교회가 이벤트나 프로그램, 자기중심 신앙, 기복주의 신앙, 주술적인 신비적인 신앙 등으로 인하여 참된 복음의 참된 가치가 손상을 주고 있는 이 시대에 초기 기독교인들의 온전한 회심은 오늘날 교회에 주는 의미가 큰 것을 깨닫게 된다.

회심의 결과로 죄책감과 속박과 소외에서 벗어나는 것은 사실이지만 회심의 목표는 죄로 말미암아 곤경에 빠진 상황에서 벗어나게 하는 것이 아니라 변화된 사람으로 자라게 하는 것이다. 우리는 칭의를 법정 용어로 너무 좁게 정의한다. 하나님 앞에 의롭다고 칭함을 받았지만 그리스도 안에서 성숙하고 온전하고 완전해져야 한다는 것이 바로 성화이다. 칭의는 성화와 함께 간다. 칭의 없이 그리스도를 닮아가는 성화를 이루어 갈 수 없다. 우리는 의롭게 되었으므로 성령의 일하심을 통하여 그리스도의 형상으로 변화될 수 있으며 그 분 안에서 성화될 수 있으며 그리스도 안에서 성숙한 삶을 살 수 있게 된다. 회심 후에 변화가 일어나야 참다운 회심이다. 회심은 우리로 하여금 그리스도 안에서 궁극적인 변화를 경험할 수 있도록 돕는 멋진 출발점이 된다.

회심의 목표는 변화된 인간이다. 우리는 원래의 창조된 모습, 즉 예수 그리스도의 형상대로 완전히 변화된 인간의 모습을 추구한다. 그리스도께서 보내신 성령은 우리를 그 분처럼 되게 하셔서 원래의 모습대로 완전한 우리 자신으로 변하도록 만드신다.

기독교가 AD 313년에 콘스탄딘 대제에 의하여 기독교가 정식 국교가 되었다. 크리스텐덤(Christendom)이란 말은 기독교 국가. 기독교와 제국을 결합한 콘스탄틴 주의의 결과로 크리스텐덤이 세워졌다. 기독교 제국주의는 콘스탄틴 대제가 기독교를 공인하고 기독교가 로마의 국교가 된 후 일어난 형상이다. 313년의 기독교 공인은 교회 타락의 시초다. 바로 이 시점을 전후로 교회는 초대교회의 순수성을 잃어버렸고, 제자도의 기준은 후퇴되었으며, 신자의 삶은 형식과 제의로 대체되었다. 그후 중세 시대에 캐톨릭은 엄청난 부패를 가져왔으며 1517년 마틴 루터에 의하여 종교 개혁이 이루어졌다.

행 2:47 "하나님을 찬미하며 또 온 백성에게 칭송을 받으니 주께서 구원받는 사람을 날마다 더하게 하시니라"

> ❂ 소그룹 말씀 나눔과 적용
>
> 1. 회심과 회개의 차이는 무엇인가?
> 2. 회심은 지, 정, 의가 변화되는 전인격적인 변화이다. 나의 총체적인 변화가 따르는 온전한 회심을 하였는가?
> 3. 초대교회 회심의 특징은 무엇인가?

10

최상의 환대

"형제 사랑하기를 계속하고 손님 대접하기를 잊지 말라 이로써 부지중에 천사들을 대접한 이들이 있었느니라" 히 13:1

사람을 접대하는 일은 쉬운 일이 아니다. 가득이나 경제가 어려운 상황에서 자신의 일을 제대로 하지 못하면서 외부 사람들을 접대한다는 것은 쉬운 일이 아니다. 나름대로 최선을 다하여 접대한다고 한다고 하지만 좋은 소리도 못 듣는 경우도 많이 있다. 친지들을 접대하고 섬기는 일은 귀하고 가치 있는 일이다. 친척이나 친지들을 접대하는 것도 쉽지 않은데 이방 사람이나 언어와 문화가 다른 나그네를 접대하는 것은 더욱 어려운 일이다. 그런데 하나님의 백성들은 어려움 당하는 나그네들을 진심으로 환대할 것을 가르치고 있다.

환대에 해당되는 영어 단어 hospitality는 나그네, 손님, 객주를 뜻하는 라틴어 *hospes*에서 비롯되었으며, 병원(hospital), 호텔(hotel) 등과 같은 어원이다. 임종환자를 돌보는 호스피스(hospice)도 같은 어원에서 나왔다. 우리말로 번역하면 '환대' 외에도 '손대접'이라는 용어로도 표현될 수 있다. 환대는 접대와 또 다른 차원의 깊은 차원의 섬김이다. 환대는 하나님이 인간을 사랑하시는 하나님의 속성을 가리키는 중요한 표현이기도 하다. 창조주가 되시고 구원주가 되시는 하나님은 인간을 하나님의 형상으로 창조하셨을 뿐 아니라 그가 지으신 창조세계 속으로 영접하셨고, 또한 죄에 빠진 인간들을 그리스도 안에서 그의 가족으로 받아주셨다. 이것은 하나님께서 죄에 빠진 인간을 구원하시기 위한 최상의 환대를 하신 것이다.

성경과 기독교 역사를 보면 환대는 신실한 하나님의 백성 됨을 드러내는 중요한 표지였다. 신구약 성경과 기독교 전통에서는 일관되게 조건 없는 환대를 가르치고 있다. 아브라함이 상수리나무 아래에서 손님들을 영접했는데 하나님이 인간의 모습을 입고 나타난 유일한 장면이기도 하다. 아브라함과 다른 성격의 환대로 잘못된 섬김을 보여준 롯이 있으며, 아브라함의 늙은 종과 그의 낙타들에게 자기가 길은 물을 양보했던 리브가, 궁핍한 가운데서도 엘리아를 영접하고 기적을 경험한 사르밧의 과부, 강도 만난 유대인을 죽음에서 구해준 선한 사마리아인의 비유, 특별히 예수님이 말씀하신 비유 중에서 마 25장에 심판 날에 양과 염소를 가르는 기준이 바로 환대의 실천이다.

구약에서 하나님의 나그네를 압제하지 말라는 분부는 이스라엘 백성들 또한 애굽에서 나그네 신분이었기 때문에 그들의 처지를 공감하고 환대할 것을 말씀하셨다. 곡식이나 감람나무, 포도도 그 남은 것을 다 따지 말고 나그네와 고아, 과부를 위하여 남겨두라고 하셨다. 초대교회에서는 환대를 위한 공간을 따로 마련하여 교회 처소 옆에 나그네, 병든 자, 가난한 자들을 위한 숙소 및 돌봄의 장소를 두기도 하였다. 그러나 초대교회에서는 가정과 교회에서 보통 신자들이 환대의 봉사를 담당했는데 반해, 콘스탄틴 황제의 기독교 공인 이후 교회가 제도권의 틀을 갖추면서 환대의 사역 역시 전문적인 공공복지 행위로 구별되기 시작되었다.

오늘날의 현대식 접대는 잘못된 방향으로 나가고 있으며 그리스도의 사랑이 아닌 인간적인 잘못된 유흥 위주의 접대 문화로 나가는 경우가 많이 있다. 김선일 교수는 "세속적인 접대(entertaining)는 잘못된 문화이며 근절해야 할 문화이다. 환대는 일시적인 이벤트가 아니다. 환대와 접대는 분명한 선을 그어야 한다"고 하였다.

환대는 지속적으로 그리스도의 사랑으로 사람을 감동시키는 하나님의 방식이다. 우리가 형제를 사랑함으로 사망에서 옮겨 생명으로 들어간 것이다. 형제를 사랑하는 것이 하나님을 사랑하는 것이다. 말과 혀로만 사랑하지 말고 행함과 진실함으로 사랑하여야 한다 요일 3:18. 하나님을 사랑하고 이웃을 사랑하는 행위 중에 하나가 구제이다. 구제는 믿음으로 의롭게 된 신자가 해야 할 순종이다. 강도 만나 거의 죽어가는 나그네를 환대한 예수님의 선한 사마리아인의 비유는 당시 친족과 혈

족에게만 하는 차원이 아니라 언어와 문화, 인종을 초월한 우주적인 차원의 환대임을 가르쳐 준다. 마태복음 25장에서 마지막 심판 날에 양과 염소를 가르는 명백한 기준은 바로 이 환대를 신실하게 적용했는지의 여부라고 하였다. 나그네와 병든 자, 가난한 자, 갇힌 자들을 돌봐주는 행위들은 모두 환대의 맥락에서 통합될 수 있다.

감독(장로)의 자격도 나그네를 잘 대접하는 자라야 한다고 하였다 딤전 3:2, 요삼 5절. 세속적인 접대는 자기를 드러내거나 자기 영광, 댓가를 바라지만 그리스도의 말씀을 순종하는 차원의 환대는 "마땅히 하여야 할 것을 한 것뿐이며 거저 받았으니 거저 준 것이며 하나님 앞에서 한 것"이다 눅 17:10.

우리 주변에 그리스도의 심장으로 환대하여야 할 전도 대상자는 누구인가?

눅 17:10 "이와 같이 너희도 명령받은 것을 다 행한 후에 이르기를 우리는 무익한 종이라 우리가 하여야 할 일을 한 것뿐이니라 할지어다"

> ✪ 소그룹 말씀 나눔과 적용
> 1. 접대와 환대는 다른 의미이다. 진정한 환대는 무슨 의미인가?
> 2. 잘못된 접대를 서로 나누어 보라.
> 3. 언어와 문화와 피부가 다른 민족에게 선대하며 사랑을 베푼 것을 나누어 보라.

11

영적 순례의 길

"그들이 서로 말하되 길에서 우리에게 말씀하시고 우리에게 성경을 풀어 주실 때에 우리 속에서 마음이 뜨겁지 아니하더냐 하시고" 눅 24:32

예수님은 거리 전도에 대한 것을 실제로 가르쳐 주셨다. 예수님이 두 사람씩 짝 지어 전도하는 것은 오늘날 거리에서 외치며 전도하는 성격과 다르다. 오늘날 거리에서 전도하는 것은 상당한 기도 준비와 성령 충만함으로 지혜를 갖고 전도에 임하여야 한다. 거리에서 한 번에 만난 사람이 단번에 예수 믿고 변화되는 것은 쉽지 않다. 거리 전도에 대하여 거부감을 갖고 있는 현실이지만 그래도 사람을 만나는 것이 중요하기에 우선 개인적인 접촉을 통해 만남을 가짐으로 상대방과 점차 교제의 폭이 깊어지는 인격적으로 관계를 맺고 그리스도를 영접하는 성숙한 전도로 나아갈 수 있다. 한번 만난 사람을 단번에 결신시키려는 조급한 마음을 버리고 지속적으로 관심과 사랑을 베풀며 목적지를 향해 인생길을 함께 동행 하며 전도하는 것을 배우는 일을 하여야 한다.

사람들끼리 나누는 대화가 다양하다. 모이는 소그룹도 중요하다. 일반적으로 인사하는 것, 날씨를 주제로 한다. 이것은 부담 없는 주제이다. 첫 인사가 중요하다. 첫 번에 만나 인사를 잘 해야 한다. 상대방을 밝은 표정과 눈을 마주치며 깍듯한 인사를 통해 상대방에게 인사를 하며 말을 건다. 그 다음에 느낌과 자신의 견해를 나눈다. 직업 등 일반적인 걱정과 염려를 나눈다. 그 다음에 개인이 드러나지 않는 아픔과 상처, 삶에 전부를 나눈다는 것은 신앙적인 대화로 접근하는데 용이하다.

대화란 사람들이 깊이 교제하고 있는 하나님 이야기를 하는 선하고 힘찬 대화이다. 헌신된 그리스도인은 이런 대화를 나누려면 자신의 믿음을 솔직히 말하는 법을 배워야 한다. 어려운 신학적인 용어가 아닌, 쉽고 편안한 일상 언어로 복음을 말할 수 있어야 한다. 진정한 대화는 대화하는 모든 사람의 삶에 변화를 일으키게 된다.

예수님은 길을 걸으며 자연스럽게 대화를 통해 복음을 설명하셨다. 누가복음 24장 13절부터 32절에 나오는 엠마오 도상의 두 제자와 예수님의 대화에서 볼 수 있다. 예수님이 부활하신 후, 두 제자가 예루살렘을 떠나 엠마오라는 시골의 어느 마을로 길을 가고 있었다. 두 제자는 예수님이 누구인지 모르는 가운데 예수님은 자신이 부활하신 사실을 선포하며 믿으라고 하지 않으시고 길동무가 되어 주시면서 그들의 마음에 더디 믿는 사실을 지적하며 예수님께서 구약의 약속대로 십자가에서 죽으시고 부활하신 것을 자세히 설명하셨다. 또한 숙소에서 음식을 함께 먹으며 빵을 떼자 비로서 제자들의 눈이 밝아지면서 부활하신 영광의 주님을 알아차리게 된다. 예수님과 식사의 교제를 통하여 그들의 마음이 뜨거워지고 눈이 열리는 회심을 경험하게 된다. 제자들은 이 때까지 부활하신 예수님을 온전히 만나지 못했다. 그런 의미에서 엠마오 도상의 예수님의 동행 전도는 오늘 우리에게 전도의 의미를 가르쳐 주며 참된 회심이 무엇인가를 가르쳐 주고 있다.

특히 예수님과 함께 나누는 식탁의 교제를 통해 제자들의 눈이 떠졌다는 사실이다. 결신의 과정에서 관계와 친교가 얼마나 중요한지 가르쳐주고 있다. 전도에서 교제와 식사는 예수 그리스도를 인격적으로 영접하는데 중요한 과정이다. 오늘날 사람들은 예수 믿는 것, 십자가에 대하여 관념적으로, 지식적으로 동의하는 것으로 만 끝나는 경우가 있다. 또한 전도할 때도 예수님을 믿고 받아들이는 것도 지식적이며 기계적으로 영접하고 끝나는 경우가 대부분이다. 전도를 하면서 어떻게 해서든지 하나님의 구원 계획을 설명하며 인위적으로 동의를 끌어내려고 한다. 그러나 구원은 단순한 지적인 동의가 아니라 가슴의 동의, 의지적 순종이 따라와야 한다. 삶의 예수 그리스도를 전인격적으로 만나야 변화가 된다. 예수 생명의 복음을 가슴에서 만나면 변화가 찾아온다. 엠마오 도상에서 말씀과 교제, 식사를 통해 그리스도를 인격적으로 만남으로 두 제자는 다시 예루살렘으로 돌아가 예수님의 부활의 증인으로 사역하게 된다.

엠마오 도상에서 함께 동행하며 이들을 변화시키는 방법을 순서대로 기술하면 다음과 같다. 눅 24:13-32.

1. 동행과 질문(Asking) 13-17
2. 들으심(Listening) 18-24
3. 설명(방향을 잡아 주심 Orienting) 25-27
   성경을 풀어주시며 예수그리스도의 십자가와 부활에 대한 참된 복음에 대하여 바르게 가르쳐 주심
4. 복음화(Evangelizing) 28-31
   식사의 교제를 통해 제자들의 눈을 뜨게 됨

위에 대한 영어의 이니셜들을 조합해보면 A-L-O-E라는 단어가 나온다. 알로에(ALOE)는 강력한 살균 기능의 약제로도 쓰이고 소화 기능을 촉진시키며 피부를 부드럽게 하기도 한다. 알로에 복음으로 우리는 상처받은 사람들을 치유하며 생명을 살려 전인적인 변화를 추구할 수 있다.

오늘 우리도 진정한 복음을 바로 전한다면 복음의 능력으로 말미암아 치유되고 회복시키는 역사가 나타난다. 이 사역은 우리 힘과 지혜로 되어 지지 않고 성령님의 역사하심으로 가능하다. 또한 인격적인 관계와 친교의 힘이 얼마나 중요한가를 가르쳐 주고 있다. 전도는 우리가 전하는 말씀의 능력으로 가능하다. 또한 신자의 언어로만 전해지는 복

음뿐만이 아니라 먼저 믿어 변화된 신자의 변화된 삶을 통해 복음이 전하여 지기도 한다. 십자가와 부활의 복음, 예수 생명의 복음을 전하여야 한다. 또한 능력과 성령과 큰 확신으로 전하여야 한다. 성령께서 힘 주실 때 큰 확신과 능력으로 전할 수 있다 살전 1:5. 신자의 얼굴이 전도지이다. 생활 속에서 그리스도의 향기를 발하여야 한다. 그리스도의 형상을 닮은 전도자의 인격이 전도지이다. 전도자가 변화된 모습을 통해 그리스도에게로 돌아오게 된다.

우리 주변에 믿지 않는 사람들에게 인생 여정에 동반자가 되어서 그들의 삶에 관심을 갖고 그들의 고민을 들어주며 교제와 식사를 통해 관계가 더욱 깊어져야 한다. 계속해서 만나주고 들어주고 같이 식탁의 교제를 나누며 방문하고 돌보아 줄 때 하나님께로 돌아오게 된다. 관계와 교제를 통해 신뢰 관계가 깊어질 때 마지막으로 예수 그리스도의 십자가와 부활의 복음, 예수 생명의 능력이 나타나 복음을 전할 때마다 치유되고 회복되는 놀라운 역사가 나타나게 될 것을 확신한다.

✪ 소그룹 말씀 나눔과 적용

1. 동행 전도와 노방 전도의 차이점은 무엇인가?

2. 거리 전도의 장점은 무엇인가?

3. 거리 전도에 있어서 조심할 점은?

4. 동행 전도를 통해 순종하여야 할 진리는?

5. 거리 전도의 경험을 나누어 보라.

12

예수님의 3대 사역

"예수께서 온 갈릴리에 두루다니사 그들의 회당에서 가르치시며 천국 복음을 전파하시며 백성 중의 모든 병과 악한 것을 고치시니" 마 9:35 참조, 눅 4:23

지상에 있는 교회는 그리스도의 몸이요, 예수 그리스도의 피 값으로 세운 교회이다. 예수님은 십자가에서 죽으시고 부활하심을 통해 승천하시면서 그의 몸을 지상에 남겨둔 것이 바로 교회이다. 교회는 하나님 나라의 모형이다. 교회의 명칭은 헬라어로 "에클레시아"로서 밖에서 불러 모았다(to call out)이란 의미이다. "부름 받은 믿는 자들의 모임이다"(조직신학자 H. 바빙크). 과거나 지금이나 교회의 본질을 잃어버리면 타락해 버리게 된다. 하나님의 교회는 그 본질을 잃어서는 안된다. 교회는 예수 그리스도의 사역을 이어가는 곳이다. 예수님이 이 땅에 오셔서 하신 일을 교회가 주님 오실 때까지 지속하여야 한다.

01 예수님이 전한 하나님 나라

1) 가르치는 사역(가르치는 교회)

가르친다는 말은 헬라어로 디다케라고 하는데 양육한다는 뜻이다. 예수님의 3년의 공생애는 12명의 제자를 세우는 사역에 전부 쏟아 부었다. 마 28:19에 보면 예수님의 마지막 지상 명령이 모든 족속을 제자로 삼아 ..... 내가 너희에게 분부한 모든 것을 가르쳐 지키게 하라고 말씀하셨다. 선교학자로 알려진 로버트 쿨만 교수는 "예수님의 사역은 사람 세우는 사역 이었다"라고 하였다. 이것은 그리스도의 제자로 양육하라는 것이다. 초대교회 신자들은 그들은 날마다 모이기를 힘쓰고 사도들의 가르침을 받았다 행 2:42. 특별히 사도바울은 자신이 전한 이방 선교의 복음화에 대한 비밀은 바로 제자를 세우는 것이었다. 사도행전 19장에 보면 3차 전도여행 시 바울은 에베소라는 지역에서 두란노 서원을 빌려서 3년 동안 훈련하였다. 동시에 에베소와 소아시아 전역에 주의 복음이 증거 되었다. 이 때 세워진 교회들이 계시록에 나오는 일곱 교회들로 알려지고 있다. 훈련된 제자들이 가는 곳마다 복음이 증거 되어 변화되는 역사가 나타났다. 훈련된 일군들과 제자들에 의하여 소아시아와 마케도니아가 그리고 로마가 복음화 되었다. 교회는 복음을 가르칠 수 있는 일꾼을 길러야 한다.

2) 천국복음을 전파(전파하는 교회)

전파한다는 말은 "캐루소"(kerysso)라는 단어로 "선포하다, 설교하다"의 의미가 있다. 예수님이 외친 메시지는 "천국복음"이었다. 예수님이 공생애를 시작하면서 선포한 첫마디가 바로 "회개하라 천국이 가까이 왔느니라"라는 것이었다. 예수님은 여러 가지 비유로 천국을 사람들에게 전파하셨다 "천국은 마치 …과 같으니" 그리고 이 땅에 천국이 임하여야 한다고 말씀하셨다. 하나님이 통치하는 곳이 천국이다. 어떤 공간에 있는 것이 아니고 예수님이 주인되어 다스림을 받는 곳이 바로 천국이다. "예수님은 주와 그리스도이시다." 사도시대로부터 수천년이 지난 지금도 교회의 메시지는 변하지 않았다. 이 메시지는 변할 수 없다. 죄사함과 칭의의 복음, 예수 생명의 복음, 영생의 복음을 전하여야 한다. 교회가 복음의 필연성, 복음의 절대성, 그리고 복음의 시급성을 회복하여야 한다. 아직도 전 세계 절반의 인구가 한번도 복음을 들어보지 못했으며 또한 전 세계 7,000개 언어를 쓰는 부족 가운데 5,200개의 언어는 아직도 성경이 번역되지 않았다. 매일 8만 명이, 1시간에 3,300명이, 그리고 1초에 55명이 복음을 듣지 못하고 지옥으로 가고 있다. 자기가 살고 있는 이 땅이 선교지이다. 주변부터 복음 전파에 힘을 쏟아야 한다.

3) 세 번째 치유 사역(치유하는 교회)

예수 그리스도를 영접하고 하나님 나라가 임할 때 예수 그리스도의 다스림, 통치, 주권에 순종할 때 통치 받는 영역이 커질 때 치유하는 역사가 나타난다. Lordship Transfer 나 중심에서 하나님 중심, 교회 중심, 말씀 중심으로 바뀌어 진다. 성령의 이름으로 귀신이 쫓겨난 것은 하나님 나라가 임한 것을 가르친다(마 12:28 "성령을 힘입어 귀신을 쫓아내는 것이면 하나님의 나라가 이미 너희에게 임하였느니라") 일곱 귀신 들린 막달라 마리아가, 돈 많고 부족함이 없었던 삭개오가 회심을 했다.

구원이라는 단어에는 치유라는 말도 포함하고 있다. 십자가의 사건은 단순히 영혼의 구원만을 말하지 않는다. 예수님이 십자가를 지실 때 우리의 약한 것도 함께 질병도 함께 짊어지셨다. 성경은 죄사함과 동시에 병에서의 치유를 말한다. 예수 그리스도는 치유자로 이 땅에 오셨고 이 치유사역을 하셨다. 영어로 병을 disease라고 한다. 이 말은 dis(아니다)라는 말과 ease(편하다)라는 말이 합성해서 된 것이다. 병이란 편치 않다는 말이다. 창세기 3장에 의하면 이런 인간의 질병은 하나님 떠남으로 시작되었다. 질병은 죽음의 증상이다. 예수님이 이 땅에 오신 목적도 인간들의 죄에서 건져내고 질병과 귀신을 쫓아내고 병자들을 고쳐주시기 위함이다. 즉 하나님의 통치가 시작되었음을 알려주고 있다.

마 8:16,17 저물매 사람들이 귀신들린 자를 많이 데리고 예수께 오거늘 예수께서 말씀으로 귀신들을 쫓아내시고 병든 자들을 다 고치시니 이는 선지자 이사야를 통하여 하신 말씀에 우리 연약한 것을 친히 담당하시고 병을 짊어지셨도다 함을 이루려 하심이더라

사 53:5 그가 찔림은 우리의 허물 때문이요 그가 상함은 우리의 죄악 때문이라 그가 징계를 받음으로 우리는 평화를 누리고 그가 채찍에 맞으므로 우리는 나음을 받았도다

출 15:26 이르시되 너희가 너희 하나님 나 여호와의 말을 들어 순종하고 내가 보기에 의를 행하며 내 계명에 귀를 기울이며 내 모든 규례를 지키면 내가 애굽 사람에게 내린 모든 질병 중 하나도 너희에게 내리지 아니하리니 나는 너희를 치료하는 여호와임이라.

✪ 소그룹 말씀 나눔과 적용

1. 예수님의 3대 사역 중에 본받을 내용은?
2. 잘못된 치유 사역은 어떤 것인가?
3. 예수님의 전인 치유, 전인 구원이란 의미는 무엇인가?

13

모델이 되는 생명 사역

"예수께서 대답하여 이르시되 이 물을 마시는 자마다 다시 목마르려니와 내가 주는 물을 마시는 자는 영원히 목마르지 아니하리니 내가 주는 물은 그 속에서 영생하도록 솟아나는 샘물이 되리라" 요 4:13-14

대부분의 신자들이 전도에 대한 방법을 모르는 경우가 많이 있어서 전도를 실천하지 않는 형편에 있다. 예수님은 우리가 왜 전도해야 하는지, 어떻게 전도해야 하는지에 대하여 모범을 보이셨다. 예수님께서 우리에게 명백히 가르쳐 주셨으며 우리는 예수님의 가르치신 대로 전도하여야 한다. 요 4장에서 보여주시는 예수님의 사마리아 여자와의 대화에서 우리는 예수님의 최선의 전도 방법을 발견할 수 있다. 우물가에서 만난 여인은 민족적인 문제(사마리아인), 종교적인 문제(이교도적 신앙), 성별의 문제(여성) 죄 문제(이혼 당한 부도덕한 여인)이지만 예수님은 모든 관습과 계율을 깨트리시고 하나님의 형상을 따라 지음 받은 하나의 인격체로 대하셨다.

01 예수님의 전도 방법

1) 특이한 추수 대상을 정하셨다.

그 여인은 유대인들이 상종하지 않는 사마리아 사람이며 사회적으로도 버림받은 사람이다. 아무 것도 내세울 것이 없는 부도덕한 여인이다. 이 여인을 직접 일부러 찾아가셨다. 어떤 신학자는 이 여인을 만나기 위하여 아침부터 일찍 출발하셨을 것이라고 한다. 4절에 사마리아를 통과하신다고 말씀하셨다. 한 사람의 전도 대상을 정하신 것이다. 사마리아 사람이며 부도덕한 여인이라는 편견을 버리셨다. 사람이 중요하다. 한 사람에 집중하여야 한다.

2) 예수께서는 물(water) 좀 달라고 하셨다.

부탁을 통하여 사마리아 여인 자신이 중요한 존재임을 인식시켰고, 자유롭게 애기할 수 있는 분위기를 얻어 전도를 시도했다. 예수는 당시 유대로부터 무시당하던 사마리아 지역으로 가셔서 윤리적인 비난을 받던 여인을 만났다. 세상은 이 여인을 정죄하고 무시했으나 예수는 이 여인을 인격체로 받아 주셨다. 예수는 이 여인의 환경 가운데서 접하고 있는 물이란 단어를 가지고 대화를 이끌어 가셨고, 자신의 인격을 주셨고, 상대방의 인격을 세워주셨다.

3) 생수를 말씀하셨다(living water).

기회를 이용하여 그 여인에게 접근하여 관심과 호기심을 불러 일으켰다. 생명의 생수, 영생의 생수를 주시기 위함이다. 오늘날도 만나는 사람에게 영생의 생수를 주어야 한다. 예수님은 영원히 목마르지 않는 생수이시다. 이 세상은 목마른 사람들 투성이다. 돈, 명예, 쾌락 등은 소금물을 먹는 것과 같다. 인생의 참된 행복을 찾을 수 없다. 예수님만이 목마르지 않는 생수를 주실 분이시다. 행복과 만족이 없는 사람들에게 영원한 생수를 주어야 한다.

요 4:10 "네가 만일 하나님의 선물과 또 네게 물 좀 달라하는 이가 누구인줄 알았더면 네가 그에게 구하였을 것이고 그가 생수를 네게 주었으리라"

대답의 가치가 있는 질문만 선택하셨다. 사마리아 여인은 예배할 곳이 그리심 산인지 예루살렘인지를 질문했지만 예수는 어디서 예배를 드리는 것에 대해서는 계속적으로 말하지 않고 자기 자신에 대해서 대화를 이끄셨다.

4) 예수님은 여인의 속에 있는 죄 문제를 다루셨다.

예수께서는 "가서 네 남편을 불러오라" 요 4:16 고 하셨고, 이 여인은 대답하기를 "나는 남편이 없나이다" 요 4:17 고 하였다. 예수께서는 계속해서 말씀하시기를 "네가 남편 다섯이 있었으나 지금 있는 자는 네 남편이 아니니 네 말이 참되도다" 요 4:18고 하셨다. 예수께서는 그의 감추어진 사생활을 들어 내셨으나 결코 정죄하지 않으셨다. 육신의 관심사에서 영적인 문제로 연결 시키셨다. 사람은 처음부터 속 마음을 드러내지 않는다. 죄 문제가 드러나면 영생을 얻을 수 있다. 생수를 받으려면 죄가 드러나야 한다. 죄 중에 죄가 믿지 않는 죄이다. 성령은 죄에 대하여, 의에 대하여 심판에 대하여 세상을 책망하리라고 하였다. 죄에 대하여라함은 그들이 나를 믿지 아니함이요 라고 하였다 요 16;8.

5) 예수께서는 그 여인의 속마음을 움직여 구원을 원하는 고백을 하게 하였다. 요한복음 4장 15절에서 "여자가 가로되 주여 그런 물을 내게 주사 목마르지도 않고 또 여기 물 길으러 오지도 않게 하옵소서"하였다. 이 여인은 내면에 드러나지 않은 죄를 통해 예수님이 메시아임을 믿게 되었다. 영원한 생명을 얻은 것이다.

6) 예배가 회복되었다.

이 여인은 사마리아 지역에 있는 그리심 산에서 예배를 드렸다. 그러나 이제 예수님을 만나 참된 예배를 드리게 되었다. 하나님께 돌아와 회개한 자는 예배를 귀중히 여긴다. 예배를 통해 하나님께 영광을 돌리게 된다. 예배를 부실하게 드리는 자는 그리스도를 만나지 못한 자이다. 구원받고 영원한 생명을 얻은 자가 드리는 예배, 신령(In Sprit)과 진정(in Truth)으로 드리는 예배를 하나님이 받으신다. 요 4장 25절에서 "여자가 이르되 메시아 곧 그리스도라 하는 이가 오실 줄을 내가 아노니 그가 오시면 모든 것을 우리에게 알려 주시리이다"고 하였다. 이때에 예수께서는 "네게 말하는 내가 그라" 요 4:26 고 하셨다.

7) 진정으로 주님을 만나면 전하게 되어 있다.

그리스도를 만난 사람은 반드시 전한다. 예수님이 누구인지 모르는 사람은 전할 수 없다. 이 여인이 물동이를 버려두고 동네로 달려가서 "와 보라 이는 그리스도가 아니냐" 요 4:29 하며 자신이 만난 예수를 증언하였다.

예배는 전도로 표현되고 전도는 예배로 완성된다. 유일한 목표는 하나님과 그리스도의 영광이며 이것이 오늘날 전도의 최고 동기가 되어야 한다. 전도를 이루지 못한 예배는 위선적인 것이다. "하나님을 기쁘시게 하는 예배는 우리가 영광 돌리는 그분을 증거 하도록 우리를 내 보내신다."

8) 이 여인의 동네 사람들이 예수를 만난 이후 "예수의 말씀으로 말미암아 믿는 자가 더욱 많아 그 여자에게 말하되 이제 우리가 믿는 것은 네 말로 인함이 아니니 이는 우리가 친히 듣고 그가 참으로 세상의 구주신줄 앎이라 하였더라" 요 4:41, 42 고 하였다. 예수

로부터 사마리아 여인에게, 사마리아 여인은 동네 사람들에게, 동네 사람들은 예수를 만나서 믿게 되는 하나님의 사역을 볼 수 있다.

예수께서는 다양한 매체를 통해서 이웃과 인간관계를 맺으심으로 접촉점을 찾아서 전도를 하셨다. 주님은 사마리아 여인을 찾아가신 것처럼 이웃과 관계를 맺기 위하여 사람들이 있는 곳으로 찾아 가셨다. 예수께서는 이미 관계가 형성된 사람 외에 또 다른 사람을 찾아 가셔서 관계를 형성하셨다.

✪ 소그룹 말씀 나눔과 적용

1. 예수님은 새벽에 기도하시고 현장을 찾아다니는 전도를 하셨다 막 1:35-38.
2. 상대방에 대한 배려를 어떻게 하여야 하는가? 빌 2:1-3
3. 상대방을 불쌍히 여기며 관심(need)을 가지셨다. 가정에 문제나 어려움은 없는가를 확인한다 마 9:35-38.
4. 일상적인 대화로 시작한다(날씨 등).
5. 인생의 무가치함을 깨닫게 한다 마 11:28. 전 1:2.
6. 예수님께서 죄 문제, 인생의 문제를 100% 해결해 주실 분이심을 전한다.

14

생명 사역의 축복

"너희가 거저 받았으니 거저 주어라" 마 10:8

우리가 신자된 것은 삼위 하나님이 역사하심으로 이루어졌다. 하나님은 구원받을 백성들을 주권적으로 계획하시고 선택하시고 성자 예수님은 십자가에서 구속을 완성하시고 성령 하나님은 예수 그리스도의 구속의 사건이 믿어지도록 우리 마음에 예수님을 주로 고백하게 하셨다. 집을 짓는 비유로 말하면 하나님은 집을 지을 설계도를 만드시고 예수님은 직접 시공자가 되셔서 집을 만드셨으며 성령님은 우리가 그 집에 입주하도록 도와주는 일을 하셨다. 이렇게 놀랍고 신비한 일을 삼위 하나님이 하신 것이다. 예수 그리스도를 믿는 믿음을 선물로 주셨다.

우리는 예수 생명, 예수 영생의 축복을 이웃에게 흘려 보내야 한다. 예수 생명이 내안에 약동하여 생명수의 강이 나를 통해 흘러가도록 하여야 한다. 생명의 통로, 영생의 통로가 되어야 한다. 전도는 하나님의 자녀가 누리는 은혜이며 축복이다. 전도는 한 사람의 운명을 송두리째 바꾸는 하나님의 작업이다. 오늘날 모든 사람들이 죄의 사슬에 묶여 죄와 사망의 길을 가고 있다. 마귀에 눌려 있는 자들이다. 예수님은 우리가 왜 전도해야 하는지, 어떻게 전도해야 하는지에 대하여 모범을 보이셨다. 예수님은 하나님이 최초로 보내신 전도자이시며 선교사이시다.

버디 머프리(Buddy Murphrey)는 "예수께서는 그의 모든 시간을 밖에서 일하시며 보내셨고, 영혼구원은 예수의 가장 귀한 일이었으며, 이 일이 또한 우리의 가장 귀중한 일이 되어야 한다"고 했다. 예수님은 제자들을 파송하시며 전도자가 누리는 은혜와 축복에 대하여 말씀하셨다. 하나님 나라와 그의 의를 구하는 자에게 모든 것을 더하여 주신다고 말씀하셨다.

1) 복음 전하는 자에게 권세를 주었다 마 28:18.

전도하는 자에게 성령이 역사하신다. 전적으로 성령의 역사로 가능하다.

마 10:1 "예수께서 그 열두 제자를 부르사 더러운 귀신을 쫓아내며 모든 병과 모든 악한 것을 고치는 권능을 주시니라"

2) 염려하지 말아야 한다.

전도이외에 다른 부수적인 것을 걱정하지 말라는 것이다. 이 말씀은 복음 전하는 자에게는 먹을 것을 다 채워주신다는 약속이다. 전도에만 전력하면 먹을 것, 입을 것 등 모든 경제 문제가 해결된다.

> **마 10:9-10** "너희 전대에 금이나 은이나 동을 가지지 말고 여행을 위하여 배낭이나 두벌 옷이나 신이나 지팡이를 가지지 말라 이는 일꾼이 자기의 먹을 것 받는 것이 마땅함이라"

3) 합당한 자를 찾아야 한다.

전도자는 물질뿐만이 아니라 반드시 사람을 붙여 주신다.

> **마 10:1** "어떤 성이나 마을에 들어가든지 그 중에 합당한 자를 찾아내어 너희가 떠나기까지 거기서 머물라"

> **행 13:48** "이방인들이 듣고 기뻐하여 하나님의 말씀을 찬송하며 영생을 주시기로 작정된 자는 다 믿더라"

4) 샬롬을 빌어주어야 한다. 축복 중에 축복은 샬롬이다.

평안이라는 말은 "샬롬"이란 말로 "평화, 평강"이란 말과 같은 뜻이다. 예수님을 영접하면 하나님 나라가 내 안에 임한다. 내가 주인이었으나 이제 주님의 통치를 받은 결과로 샬롬이 나타난다. 하나님의 나라는 먹고 마시는 것이 아니라 의와 평강과 희락이다 **롬 14:17**. 마음의 평강은 신자에게 있어서 가장 큰 축복이다. 예수 믿으라는 것은 평강의 축복을 받으라는 것이다. 전도자는 평안을 빌어 주는 것이다.

> **마 10:12** "또 그 집에 들어가면서 평안하기를 빌라"

> **요 14:27** "평안을 너희에게 끼치노니 곧 나의 평안을 너희에게 주노라

내가 너희에게 주는 것은 세상이 주는 것 같지 아니하니라 너희는 마음에 근심하지도 말고 두려워하지도 말라"

5) 평안을 받지 않으면 빈 평안이 나에게 온다.

전도한 것을 받아들이면 이보다 더한 기쁨과 보람은 없다. 전도하면 자신의 신앙이 자리 잡히고 성숙한 신자로 자라나게 된다. 전도는 성공 실패가 없다. 전도 안하면 실패한 것이다. 또한 안 받으면 그 빈 평안이 나에게 온다.

마 10:13 "그 집이 이에 합당하면 너희 빈 평안이 거기 임할 것이요 만일 합당하지 아니하면 그 평안이 너희에게 돌아올 것이라"

눅 19:9-10 "예수께서 이르시되 오늘 구원이 이 집에 이르렀으니 이 사람도 아브라함의 자손임이로다 인자의 온 것은 잃어버린 자를 찾아 구원하려 함이니라"

6) 전도는 영적 지혜가 필요하다.

마 10:18 "보라 내가 너희를 보냄이 양을 이리 가운데 보냄과 같도다 그러므로 너희는 뱀 같이 지혜롭고 비둘기 같이 순결하라"

✪ 소그룹 말씀 나눔과 적용

1. 빌 브라이트 박사는 성공적인 전도는 "오직 성령의 능력 안에서 그리스도만 전하고 결과는 하나님께 맡기는 것"이다. 이 말씀의 의미를 나누어 보라.
2. 전도자에게 주신 은혜와 축복은 무엇인가? 받은 축복을 서로 나누어 보라.
3. 전도 대상자를 만나서 그들의 필요성과 어려움을 파악하여야 한다. 대상자에 대한 관심과 사랑에 닫혔던 마음에 문이 열린다. 태신자를 위하여 기도하라.
4. 전도의 동력은 성령 충만이다. 성령 충만을 위하여 계속 기도하라.
5. 현장 없는 전도는 열매를 거둘 수 없다. 현장 중심의 전도에 집중하라.

✪ 전도가 안 되는 이유

1. 거절에 대한 두려움
2. 자신감이 없음(믿음이 없기 때문)
3. 현장에 가지 않기 때문이다.
4. 전도 생활이 훈련이 되어 있지 않기 때문이다.
5. 전도를 어떻게 해야 할지 모르기 때문에

15

사도들의 복음 사역

"우리는 우리를 전파하는 것이 아니라 오직 그리스도 예수의 주 되신 것과 또 예수를 위하여 우리가 너희의 종된 것을 전파함이라" 고후 4:5

예수 생명의 복음, 예수 십자가와 부활의 복음은 인간 역사를 기원전(Before Christ)과 기원 후(AD ANNO DOMINI in the year of our Lord)로 바꿔 놓았다. 복음전도의 참 본(本)이 되신 예수님께서 부활 승천하신 후 사도들은 성령의 능력으로 그리스도의 전도 사역을 힘 있게 계승했다. 그들은 예루살렘에서 시작해서 온 유대와 사마리아와 땅 끝까지 복음을 전파했다. 예수님이 죽으시고 부활하심으로 세상에 보내신 첫 대표자들인 사도들과 초기 평신도 기독교인들은 열방에 나가 그리스도의 복음의 일꾼으로 사명을 감당할 때 성령 충만을 받아 예수님의 명령에 순종하였을 뿐 아니라 예수님이 직접 삶을 통해서 보이신 모범을 따라 예수 생명 운동을 힘차게 일으켰다. 그의 죽으심과 부활과 승천, 재림으로 이어지는 신앙을 본 받은 초기 기독교인들은 오직 예수로 죽고 예수로 사는 삶이었다. 사나 죽으나 그리스도의 것이었다. 십자가 복음으로 살고 십자가 복음으로 죽었다. 예수 생명의 복음이 넘쳐흘렀다.

초기 기독교인들은 그 분의 사랑으로 뜨거워져서 그 띠로 하나가 되었으며 그 사랑이 자연스럽게 흘러 넘쳤다. 비공식 선교사들인 평신도들은 물질이나 세상이 주는 쾌락을 버리고 세상과 타협하지 않았으며 다원주의 신앙을 버리고 오직 예수 그리스도가 주가 되시며 메시아가 되시는 그 고백으로 인하여 목숨 걸고 믿었던 순교적 신앙은 오늘날의 교회를 탄생시켰던 것이다.

그들은 억지로나 강요에 의해서 전도한 것이 아니다. 성령의 역사하심을 따라 은혜가 철철 넘쳐흘렀다. 사도들 중에 복음 전도에 가장 앞장섰던 사람은 수제자였던 베드로와 이방인의 사도로 부름받은 바울이었다. 사도행전 전반부는 베드로 사도를 중심으로 한 유대인들을 향한 전도였고, 후반부는 바울을 중심으로 한 이방인을 위한 복음전도였다.

1) 예수 그리스도 즉 메시아(종말의 구원자, 구세주)이심을 전하였다

사도들은 예수 그리스도 생애와 그의 교훈, 죽으심, 부활, 성령강림, 그리스도의 재림, 회개, 신앙, 세례 등을 전파했다. 이들이 전한 복음전파의 내용을 케리그마라고 한다.

> 행 2:36 "그런즉 이스라엘 온 집이 정녕 너희를 알지니 너희가 십자가에 못 박은 이 예수를 하나님이 주와 그리스도가 되게 하셨느니라"

2) 사도들은 명백하게 복음 중심이었다 ^행 5:42; 8:5; 28:31.

예수는 십자가에 못 박히셨고, 부활하셨고, 우주를 다스리시며, 마지막 날에 심판을 위하여 다시 오실 것을 전했다. 사도들의 강조점은 주님의 십자가와 부활이다. 즉 케리그마의 핵심은 예수님의 주되심(Lordship)의 선포하였다.

고후 4:5 "우리는 우리를 전파하는 것이 아니라 오직 그리스도 예수의 주되신 것과 또 예수를 위하여 우리가 너희의 종된 것을 전파함이라"

3) 사도들은 복음을 듣는 자들이 회개와 믿음이 드러날 것을 기대하였다.

사도행전 20장 21절에서 바울이 유대인과 헬라인에게 선포한 복음은 "하나님께 대한 회개"와 "우리 주 예수 그리스도께 대한 믿음"으로 요약된다. 복음전도에는 회개와 믿음이 동시에 수반된다. 진정한 회개는 구원의 필수 요소이다.

행 13:38-39 "그러므로 형제들아 너희가 알 것은 이 사람을 힘입어 죄 사함을 너희에게 전하는 이것이며 또 모세의 율법으로 너희가 의롭다 하심을 얻지 못하던 모든 일에도 이 사람을 힘입어 믿는 자마다 의롭다 하심을 얻는 이것이라"

행 20:21 "유대인과 헬라인들에게 하나님께 대한 회개와 우리 주 예수 그리스도에 대한 믿음을 증거한 것이라"

4) 사도들은 어느 때든지 기회가 주어질 때마다 대중에게 복음을 전파했다.

베드로는 기도하러 가다가 성전 문에 앉은 앉은뱅이를 고쳤다 ^{행 3장}. 이 기적으로 수많은 사람들이 모여들었을 때 베드로는 예수 그리스도를 대중에게 전했다.

5) 사도들은 개인 전도에 힘썼다.

바울은 벨릭스 총독과 그의 아내 드루실라 ^{행 24:24}, 아그립바 왕과 그의 누이 버니게에게도 ^{행 26:27-29} 개인적으로 복음을 전했다.

6) 전도의 구체적인 통로 중 하나는 말씀 전파이었다.

베드로와 요한이 공적으로 성전에서 설교로 복음을 전했고 ^{행 5:42}, 사도 바울도 아그립바 왕 앞에서 ^{행 26:1-23}, 로마의 고관들 앞에서 공적인 설교로 전도했다 ^{행 26장; 28장}. 사도행전에는 베드로 8번, 바울 9번의 설교가 기록되어 있다. 바울은 아덴(Athens)에서 철학자들에게 변증으로 복음을 전했고 때에 따라 간증의 방법도 사용했다. 사도행전 9장의 내용은 바울 자신의 신앙체험을 간증한 것이고, 22장은 폭도들 앞에서 자신을 변호할 때 한 간증이었다.

7) 문서 전도는 전도에 있어서 귀한 도구가 되었다.

바울, 베드로, 야고보, 요한, 유다 등의 인물은 복음전도에 서신,

즉 문서를 사용했다. 오늘날 손편지나 이메일과 카톡등으로 안부를 전하며 자연스럽게 관심을 가지며 대화할 수 있다.

바울과 같은 이는 교회를 개척함으로 복음전도에 힘썼다. 바울은 어디를 가든지 그 곳에 교회를 세우고 그들의 믿음이 확고하게 세워지는 것을 보기 위해서 오랫동안 충분하게 그곳에 머물렀다. 교회를 떠난 후에도 지속해서 기도로 도왔다.

8) 복음전도의 한 방법으로 가정 성경공부를 실시하였다.

에베소교회가 그 대표적인 예다 $^{행\ 20:20}$. 이 외에도 루디아의 회심 $^{행\ 16:15}$, 백부장 고넬료의 회심 $^{행\ 10:13-48}$, 빌립보의 간수의 회심 $^{행\ 16:31-34}$에서 보는 것처럼 사도들은 가정을 방문함으로 그들을 회심케 했다. 복음 전도의 대상은 유대인에게만 국한되지 않고 헬라인 등 모든 족속이었다.

✪ 소그룹 말씀 나눔과 적용

1. 예수님이 전한 하나님 나라와 사도들이 전한 복음이 무엇인가?

2. 사도들이 예수 그리스도의 십자가와 부활을 전한 이유는 무엇인가?

3. 구역이나 목장, cell에서 전도 초청은 어떻게 하여야 하는가?

4. 전도 편지(이슬비 전도 편지 등)를 사용하여 태신자에게 접촉해 보라.

5. 초대 교회 제자들의 전도 전략에 대하여 나누어 보라.

6. 전도자는 십자가 구속의 감격으로 인한 기도와 말씀으로 거룩해진다 딤전 4:5. 기도를 통해 성령으로 충만하라.

16

평신도들의 복음 사역

"빌립이 하나님 나라와 및 예수 그리스도의 이름에 관하여 전도함을 그들이 믿고 남녀가 다 세례를 받으니" 행 8:12

예수님을 인격적으로 만나면 죄에서 떠나 하나님께로 돌이키는 회심(conversion)이 일어난다. 전인적인 삶의 변화가 이루어져 예수 그리스도를 따라가게 되며 그 분을 닮아가게 된다. 회심은 예수님을 믿으며 예수님을 따르겠다고 결단하는 행동이며 주님이시고 구세주이신 예수님과 연합하는 몸짓이다. 회심한다는 말은 그리스도를 믿는 사람으로 바뀐다는 뜻이다.

초대 교회의 회심은 삶의 총체적인 변화로서의 회심으로서 3 B의 회심 즉 Belief(신념, 신앙), Behavior(행동), Belonging(소속)의 변화가 확실하게 이루어졌다. 하나님 나라는 예수님이 초기 전도 사역에 첫 번째 전파하셨고 마지막 설교도 하나님 나라 복음이었다 행 1:3, 초대교회 성도들이 사도들에 의하여 성령 충만한 복음을 그대로 믿고 순수하게 하나님 나라 복음을 전했다. 초대교회 성도들은 사도들이 예수님께 배운 것처럼, 사도들에게 가르침을 받았다 행 2:42. 스데반 집사가 복음을 전할 때 구약성경을 조리 있게 인용했고 행 7:1-53, 빌립 집사가 에디오피아 내시에게 성경을 잘 가르친 것을 보면 행 8:30-35 초대교회 성도들이 얼마나 사도들의 가르침을 잘 받았는지 알 수 있다. 이들은 예수는 곧 그리스도임을 고백하며 행 5:42, 그리스도를 전파했다. 초대교회는 이름없는 무명의 성도들이 남녀를 구분하지 않고 복음을 전파했다. 그들 가운데는 여자 성도들도 있었다(롬 16장 등). 사도들의 가르침을 이어받은 초대교회 성도들은 어떤 방법으로 복음을 전파했는가?

01 사도들의 가르침을 받아 말씀대로 모범적인 삶을 살았다.

그들은 서로 교제하며 모든 물건을 통용하며 소금과 빛의 삶을 살았다. 그들은 세상적인 성공이나 번영, 축복의 값싼 복음(Cheap Grace 본회퍼)이 아니라 예수를 위해 살고 예수를 위해 죽는 신앙으로 투철하였다. 이들의 변화된 생활은 온 백성에게 칭찬을 받았고 그 결과 주께서 구원받은 무리들을 날마다 더하게 하셨다 행 2:47. 이들이 모범된 생활이 되어질 때 하나님이 구원받는 사람을 더하게 해주셨다.

행 2:47 "하나님을 찬미하며 또 온 백성에게 칭송을 받으니 주께서 구원받는 사람을 날마다 더하게 하시니라"

02 변증을 통한 대중 전도와 개인 전도를 실시하였다.

복음전도의 방편으로 스데반은 사도들 못지않게 '변증'의 방법으로 복음을 전파했다. 빌립은 예루살렘 지역에서 핍박이 일어나자 사마리아 지역에 가서 복음을 행했다 **행 8:5**. 빌립의 전도는 많은 이적을 행한 능력있는 전도였기에 풍성한 결과를 나왔다 **행 8:12**. 또한 빌립의 에디오피아 왕의 국고를 맡은 구스 내시 전도는 개인전도의 모델이다.

행 8:26 "주의 사자가 빌립에게 말하여 이르되 일어나서 남쪽으로 향하여 예루살렘에서 가사로 내려가는 길 까지 가라 하니 그 길은 광야라"

03 간증 전도를 실시하였다.

안드레, 빌립, 수가성 여인 등은 모두 평신도들로 그리스도를 만난 후 즉시 효과적으로 '간증'을 하였다. 바울도 다메섹 도상에서 만난 그리스도를 간증하며 전도하였다 **행 22장, 26장**.

04 고난과 핍박 속에서도 인내하며 능력을 나타내는 전도가 이루어졌다.

예루살렘 교회의 핍박이 오자 "사도들 외에" 모든 성도들이 흩어지게 되었고, 이들은 "두루 다니며 말씀을 힘 있게 전파했다." 여기서 "두루 다녔다" $διηλθον$ 는 단순한 핍박을 피한 도피가 목적이 아니라 복음 전도 목적을 가지고 다닌 것을 의미한다. 다시 말하면 선교적 목적을 갖고 가는 곳마다 길거리 전도 및 집집마다 찾아 다니는 축호 전도를 했다.

행 8:4 "그 흩어진 사람들이 두루 다니며 복음의 말씀을 전할 새"

05 평신도 빌립도 전도자의 삶을 살았다.

사도행전 8장 26절부터 40절을 보면 초대 교회의 평신도 빌립은 성령의 인도하심을 받아 에티오피아 여왕 간다게의 국고를 맡았던 내시에게 선지자 이사야의 글을 강론하되 이사야의 글에서 시작하여 예수 그리스도를 전함으로 예수님을 구주로 영접하고 세례를 베풀었다.

06 평신도 부부 브리스길라와 아굴라의 전도

이들 부부는 알렉산드리아에서 태어난 유대인 아볼로를 자기 집으로 초대하여 요한의 세례만 아는 그에게 하나님의 도를 더 자세히 풀어서 가르쳤다 ^{행 18:24-28}. 성령으로 거듭난 브리스길라와 아굴라 부부가 아볼로의 설교를 들으면서 그의 설교는 성령에 의하지 않고 단지 지식에 의존하는 것을 알았다. 그래서 이들 부부는 아볼로에게 그리스도의 오심, 대속적 죽음, 부활, 승천에 관한 복음을 가르치었다.

✪ 소그룹 말씀 나눔과 적용

예수님과 사도들, 초대교회 성도들의 복음전도는 신자에게 좋은 전도의 모델이 된다.

1. 능력 전도도 초대 교회의 한 전도 방법이었다. 오늘날 전도할 때 어떻게 하여야 능력이 나타날 수 있는가? ^{막 9:29}

2. 초대 교회 사도들과 평신도들도 간증 전도를 사용하였다. 전도할 때 간증을 사용하라.

3. 전도한 뒤에 열매를 포기하지 말고 인내하며 기다리라 ^{갈 6:9}.

4. 전도의 동력은 기도와 말씀으로 인한 성령 충만 이다. 십자가의 구속의 은총을 깊이 묵상하면서 성령의 충만함을 받으라.

17

바울 사도의 복음 사역

"바울이 온 이태를 자기 셋집에 머물면서 자기에게 오는 사람을 다 영접하고 담대히 하나님 나라를 전파하며 주 예수 그리스도에 관한 것을 모든 것을 가르치되 담대하게 거침없이 가르치더라" 행 28:30-31

하나님의 나라가 예수님이 오심으로 시작되었다. 예수님은 하나님의 나라를 소개하기 위하여 여러 가지 비유를 들며 말씀하셨다. 하나님의 나라는 예수님이 주되심과 하나님의 전권대사, 하나님의 대리자임을 가르쳐 준다. 그러므로 예수님은 하나님 나라의 대표자, 하나님 나라의 계시자, 하나님 나라의 개시자, 하나님 나라의 도구, 하나님 나라의 대장, 하나님 나라의 담지자이시다. 여기서 담지자(bearer)란 담력과 지혜를 가진 자를 말한다. 예수 그리스도의 생명의 복음과 하나님 나라는 현재 뿐 아니라 미래에 완성될 하나님의 나라이다.

오순절 성령 강림 이후에 사도들과 바울 사도는 예수 그리스도의 죽음과 부활의 증인으로서 죄 사함, 의롭다함, 화해, 하나님의 아들 됨을 선포하였다. 저들은 십자가와 부활 신앙으로 인하여 다시 오실 예수 그리스도의 재림을 기다라며 죽음도 두려워하지 않는 신앙을 가졌다. 사도 바울은 사람들이 그에게 오기만을 기다리지 않고 그가 사람들이 있는 곳을 찾아갔다. 그리하여 그들과 인간관계를 맺고 관계를 강화하며 복음을 전했고, 교제를 통해서 양육했다. 사도 바울은 복음을 전하러 가는 곳마다 도착하여 먼저 회당을 찾았고, 그 다음에 유대인 공동체를 만났으며, 그 다음에야 이방인들을 만나고 방문했다 ^{행 13:5; 17:1,10; 18:4}.

01 예수 그리스도의 생명의 복음만 전하였다. ^{고전 15:1-11, 롬 1:1-6, 갈 1:8}

사도 바울은 고전 15:1-11에서 사도들이 선포하는 복음을 요약한다. 그것은 한 마디로 "그리스도의 죽음과 부활의 복음"이다.

02 그리스도가 메시아이시며 주(Lord)가 되심을 전하였다.

시편 110:1에 따라 마땅히 "주"라고 불리어져야 한다고 생각한 것이다 ^{행 2:32-35}. 그래서 빌 2:6-11에서 하나님께서 그리스도를 높이심을 그에게 하나님 온 우주의 만물들로 하여금 그를 예배하고 "예수 그리스도가 주이시다"라고 부르게 하였다.

03 바울 사도의 고난을 통한 전도(선교)

1) 훼방과 대적 행 13:8

2) 유대인들의 핍박 행 13:50

3) 돌과 매 맞음과 감옥 행 14:19. 16:18-25

4) 선교 여행 중에 당한 고난

고후 11:23-27 "그들이 그리스도의 일꾼이냐 정신없는 말을 하거니와 나는 더욱 그러하도다 내가 수고를 넘치도록 하고 옥에 갇히기도 더 많이 하고 매도 수없이 맞고 여러 번 죽을뻔 하였으니 유대인들에게 사십에서 하나 감한 매를 다섯 번 맞았으며 세 번 태장으로 맞고 한 번 돌로 맞고 세 번 파손하고 일주야를 깊은 바다에서 지냈으며 여러 번 여행하면서 강의 위험과 강도의 위험과 동족의 위험과 이방인의 위험과 시내의 위험과 광야의 위험과 바다의 위험과 거짓 형제 중의 위험을 당하고 또 수고하며 애쓰고 여러 번 자지 못하고 주리며 목마르고 여러 번 굶고 춥고 헐벗었노라"

04 바울 사도의 전도 모범(문화 수용)

1) 맞춤(눈높이 전도, 고전 9:19-22)

   유대인을 만날 때는 유대인과 같이, 이방인을 만날 때는 이방인과 같이 행동하였다. 바울의 생각은 어떠한 경우에든지 잃어 버렸던 한 영혼을 구원하는 일이 가장 중요했으며, 그의 목표는 그리스도의 몸 안에서 연합하는 것이었다 엡 2:19-22.

2) 부모 즉 유모의 심정으로 전도

   바울 사도는 만나는 사람들을 사랑하였기 때문에 복음뿐만 아니라 그의 생명까지도 함께 나누었다. 바울은 유모가 아기를 양육하듯이 하였고, 아비가 자녀를 권면하고 위로하듯이 이웃을 섬기었다 살전 2:6-12.

3) 예수님처럼 자기부인과 섬김과 희생의 전도

   바울은 더 많은 이웃을 구원하고 양육하기 위하여 먹고 마시는 권리를 포기했으며 고전 9:4, 아내와 함께 다니는 결혼의 권리를 포기했고 고전 9:5, 일하는 고난의 길을 선택하였다 고전 9:6. 고전 9장 12절에서 바울은 "우리가 이 권을 쓰지 아니하고 범사에 참는 것은 그리스도의 복음에 아무 장애가 없게 하려 함이로다"라고 하였다.

4) 양육이 함께 가는 전도

사도 바울은 3차 전도여행에서도 1차와 2차 전도여행에서 관계 맺어진 성도와 교회를 찾아가서 믿음을 굳게 하였으며, 복음의 뿌리를 깊이 내리도록 하는 양육을 함께하는 전도 사역을 하였다. 사도 바울은 자신의 문제를 로마 가이사에게 상소하였기 때문에 총독 베스도의 명령으로 로마 여행을 하게 되었으며, 사도 바울은 이 기회를 전략적으로 활용하여 제국의 수도 로마에서 복음을 전파하며, 세계 복음화의 기초를 놓았다. 특별히 로마에서 2년 동안 셋집에 유할 때 자기에게 오는 사람을 다 극진히 영접하였고, 담대히 하나님의 나라를 전파하였다 행 28:31.

골 1:28 "우리가 그를 전파하여 각 사람을 권하고 모든 지혜로 각 사람을 가르침은 각 사람을 그리스도 안에서 완전한 자로 세우려 함이니"

5) 동역자와 함께 하는 협력 선교를 하였다.

사도 바울은 안디옥 교회에서 주를 섬겨 금식할 때에 성령의 부르심을 받았고 바나바와 함께 1차 선교여행을 하였다 행 13:1-12. 이어서 2차 전도여행을 하였는데 실라와 동행하였고 행 15:4, 40, 중간에 디모데와 누가를 만나서 동행하였다. 2차 전도여행 초기에 사도 바울은 1차 전도여행 때에 관계를 맺었던 수리아와 길리기아와 더베와 루스드라를 다니며 교회를 굳게 하는 전도를 실천하였다. 사도 바울은 3차 전도여행을 "얼마 있다가 떠나 갈라디아와 브르기아 땅을 차례로 다니며 모든 제자를 굳게 하니라"고 하였다.

6) 문서(편지)를 통한 전도

사도 바울은 고린도후서 3장 3절에서 고린도교회 성도들에게 "너희는 우리로 말미암아 나타난 그리스도의 편지니 이는 먹으로 쓴 것이 아니요 오직 살아 계신 하나님의 영으로 쓴 것이며 또 돌 판에 쓴 것이 아니요 오직 육의 마음 판에 쓴 것이라"고 하였으며, 자신이 그리스도의 편지가 되어 생명 바쳐 복음을 전하였다. 특별히 신약 성경 27권 가운데 바울 서신이 적어도 13권이며, 이 서신은 기독교 근본원리를 가르쳐 주고 있으며, 사복음서에 대한 해석이기도 하다. 사도 바울은 그의 전도여행을 통하여 관계되어진 빌립보교회와 갈라디아교회, 디모데, 디도, 빌레몬을 비롯한 모든 성도들에게 서신을 통하여 관계 전도와 양육을 위해 힘썼다.

✪ 소그룹 말씀 나눔과 적용

1. 지난주일 주신 말씀과 생활을 나눈다.

2. 자신이 만난 사람들 중에서 다른 사람에게도 격려가 될 만한 것이 있다면 서로 나눈다.

3. 전도 여행 중에 고난을 당한 바울을 보면서 선교는 어떻게 해야 하는가?

4. 바울 사도의 맞춤형 전도와 문화적 수용성은 어떻게 하여야 하는가?

18

영적 은사를 어떻게 찾을 수 있을까?

"은사는 여러 가지나 성령은 같고 직분은 여러 가지나 모든 것을 모든 사람 가운데서 이루시는 하나님은 같으니 각 사람에게는 성령을 나타내심은 유익하게 하려 함이라" 고전 12:4-6

교회는 하나님에 의해 부름 받아 그리스도의 피로 구속받은 하나님의 백성들의 모임이다. 신자는 하나님에 의해 부름 받았으며 롬 1:6, 8:28, 하나님께 속한 하나님의 백성들이다 벧전 2:9. 그러므로 교회는 하나님의 백성들이 그리스도를 머리로 하고 상호 작용과 상호 의존을 통해 유지되는 신성한 특성을 가진 유기체로 이해 할 수 있다. 또한 교회는 그리스도의 몸으로서 모든 그리스도인은 한 가지 이상의 은사를 가지고 있다. 은사(spiritual gifts)와 재능(talent)는 구별된다. 재능은 일반적으로 불신자에게도 주는 은혜이지만 은사는 그리스도의 몸인 교회의 유익과 성장을 위하여 주신 성령 하나님의 특별한 영적 능력이다. 신자는 은사를 발견하여 예수 그리스도의 몸인 교회를 위하여 충성하는 일을 하여야 한다.

핸드릭 크레머는 평신도를 활용하지 않으면 그것은 동결된 재산 (frozen asserts)이라고 하였는데 냉장고에 아무리 많은 것이 있어도 그것을 따듯하게 녹여 활용하지 않으면 그것이 많고 적음에 관계없이 무용지물이라고 하였다. 풀러 신학교 교수인 그레그 옥덴은 리더는 성령의 은사를 발견하도록 도와주는 일을 하여야 한다고 하였다. 교회는 그리스도의 몸이시며 교회의 머리는 그리스도이시다. 사람의 지체가 머리 없이 기능을 발휘할 수 없다. 머리는 생각, 초점 및 안내하며 연합시키는 일을 한다. 행 20:28에 성령이 저들 가운데 너희를 감독자로 삼았다고 하였다. 예수님을 영접하여 중생하고 구원받는 순간 성령으로 세례 즉 그리스도와 연합하게 되며 그리스와 한 몸을 이루어 지체된 우리에게 은사를 주신다.

풀러신학교 폴 포드(Paul R. Ford) 리더십의 중요한 질문 중에 하나는 "리더는 하나님으로부터 자신이 누구인가에 대하여 확실히 알 때 자신을 통한 사역을 감당하게 된다고 하였으며 자신이 누구인가를 알 때 자신의 사역을 도울 사람들이 누구인가를 알게 된다고 하였다. 그리스도인으로서 이것은 정확히 해야 할일이다! 하나님께서 의도하신 바 그대로 자신은 사역 정체성을 통하여 그분의 작품을 드러내는 일을 하여야한다. 이것은 주님이 여러분 안에 전략적으로 자리매김하신 디자인의 요소들을 발견하고 완성하는 것이다. 이것은 여러분이 그리스도인으로서 새로운 것을 배우는 것이 아니라 하나님께서 이미 준비하신 것 혹은 사람이 되어가는 법을 배우는 것이다.

01 영적 은사의 다양성과 통일성(Unity in diversity)

고린도전서 12장 2-6절을 보면, 바울은 사역을 위한 여러 가지 은사의 다양성에 대해 언급하면서 세 가지 중요한 사실을 말하고 있다. 다양성 안에 통일성이 있다. 각자 기능이 다르고 힘과 역할이 다르다.

1) 은사는 다양하기 때문에 그리스도의 몸의 각 지체는 특별하고 각기 수행해야 할 다른 역할을 가지고 있다 ^{고전 12:4}.

2) 사역의 분야도 역시 다르다 ^{고전 12:5}.
   이 사역의 분야의 차이는 은사 자체의 차이가 아니라 은사가 사용되어지는 영역의 차이를 의미한다.

3) 역사하는 방법도 다르다 ^{고전 12:6}.
   그러므로 똑같은 은사를 가진 두 사람이 같은 영역에서 사역한다 하더라도 그 결과는 완전히 다르게 나타날 수 있다. 이런 차이는 하나님의 성령에 의해서 비롯된다 ^{고전 12:11}. 이러한 몸의 다양성은 하나님의 축복이다. 그리고 이 은사의 다양성은 같은 한 성령께서 주신 것이므로 어느 한 쪽이 더 우월하다거나 다른 한 쪽이 더 열등하다고 평가하거나 말할 수 없다.

02 지체간의 상호 의존성이다.

몸이 움직이기 위해서는 서로 의존하고 협력해야만 하듯이 교회는 서로 의존하여 성장하는 유기적 기관이다. 몸은 하나이지만 지체는 다양하다 함께 고통당하고 함께 즐거워하게 된다. 약한 지체 요긴한 지체, 아름답고 귀하고 영광스런 지체도 있다.

1) 우리는 서로 속해 있다.
2) 우리는 서로 필요하다.
3) 우리는 서로에게 영향을 준다.

엡 4:16 "그에게서 온 몸이 각 마디를 통하여 도움을 받음으로 연결되고 결합되어 각 지체의 분량대로 역사하여 그 몸을 자라게 하며 사랑 안에서 스스로 세우느니라"

고전 12:26 "만일 한 지체가 고통을 받으면 모든 지체도 함께 고통을 받고 한 지체가 영광을 얻으면 모든 지체도 함께 즐거워하나니"

03 영적 은사를 활용하는 것은 교회가 이 땅에서 그리스도의 사역을 감당하기 위함이다. 교회는 그리스도의 손과 발, 그리고

입과 목소리이다. 그리스도께서는 성육신하시어 복음을 선포하셨으며 자신의 사역을 감당하셨다. 부활하신 주님께서는 이 시대에도 동일하게 전 세계에 복음을 전파할 도구가 될 몸(교회)을 필요로 하신다.

폴포드 교수는 나와 우리라는 공동체 안에서 리더십 스타일이 4가지가 있다고 하였다. 나랑 다르다고 해서 잘못된 것이 아니고 하나님께서 그런 은사를 주셨다고 하였다. 이런 스타일은 장점도 되지만 약점도 된다. 전도에 열정이 있는 신자들이 오히려 단점도 드러날 수 있다. 서로 보완하며 그리스도의 몸 된 교회를 굳게 세워 나가야 한다.

1. Let's go style
2. Let me help you
3. Let's be careful
4. Let's be together

전도에 은사가 있어서 전력을 다하는 신자들 중에도 조심해야 할 부분이 있다.

 1) 다른 사람에게 불쾌감을 줄 수 있으며 2) 전도하는 숫자에 대한 교만함 3) 전도하는데 죄책감을 사용할 수 있으며 4) 전도에 집중함으로 다른 사람을 무시할 수 있으며 5) 필요를 생각하지 않고 목표만 생각하게 되고 6) 지시적인 태도를 가질 수 있다.

✪ 소그룹 말씀 나눔과 적용

베드로전서 4장 10절에 "각각 은사를 받은 대로 하나님의 여러 가지 은혜를 맡은 선한 청지기같이 서로 봉사하라 만일 누가 말하려면 하나님의 말씀을 하는 것 같이 하고 누가 봉사하려면 하나님의 공급하시는 힘으로 하는 것 같이 하라"는 말씀을 통해 '지원해 주는 영적 은사'와 '구비시키는 은사'로 구분하였다 지원해 주는 영적 은사는 다스림, 구제, 도움, 자비, 섬김이며 구비시키는 영적 은사는 격려, 전도, 믿음, 리더십, 목자, 선지자, 가르침이라고 말하고 있으며 다른 기타 은사로 '분별'을 추가하고 있다.

1. 자신의 은사는 무엇이라고 생각하는가?
2. 자신의 재능과 은사의 차이점이 무엇인가?
3. 은사를 주신 목적이 무엇인가?
4. 전도는 은사인가? 구속받은 신자의 의무인가?
5. 전도 훈련을 통해 자신이 갖고 있는 은사가 어떻게 발전되어질 수 있는가?
6. 전도의 동력은 말씀과 기도에 의한 예수 안에서 성령 충만이다. 전도의 승패는 기도에 달려 있다.

19

영적 싸움을 어떻게 하여야 하나?

"끝으로 너희가 주 안에서와 그 힘의 능력으로 강건하여 지고 마귀의 간계를 능히 대적하기 위하여 하나님의 전신 갑주를 입으라" 엡 6:10-11

엡 1장은 창세 전 하나님의 선택과 지금부터 2천년 전 예수 그리스도의 십자가에 피 흘리신 구속과 성령의 인치심을 언급하며 삼위 하나님께 영광을 돌린다. 이 영적인 복을 받은 신자는 삼위일체 하나님의 구원사역으로 인하여 교회의 기초를 이룬다. 에베소서의 이 마지막 부분은 교회의 전투성에 대해 계시한다. 교회는 세계적이며 하나이며 거룩한 속성을 가지고 있을 뿐만 아니라 또한 지상에서는 전투적 속성을 가지고 있다. 지상에 있는 교회는 이미 예수 그리스도의 부활을 통하여 승리가 결정된 싸움을 싸우는 전투하는 교회이다. 신자는 진심으로 예수 그리스도를 영접하고 죄 사함 받아 거듭난 새사람이라면 이미 전신 갑주를 입은 것이다. 새로 입어야 하는 것이 아니라 이미 입고 있는 것을 확인하여 무장을 하고 이기는 싸움을 하라는 것이다 ^{요 16:33}.

전도는 사탄의 왕국에서 종살이하고 있는 사람을 예수님이 통치하는 예수님의 나라로 초청하는 것이다 ^{골 1:13,14}. 전도자가 승리할 수 있는 비결은 성령의 능력 안에서 예수 그리스도의 부활의 능력이 살아 역사함을 보여드리는 것이다. 항상 예수 그리스도의 피, 보혈의 능력, 예수의 이름, 성령의 능력은 복음 전파자에게 주신 강력한 무기이다.

01 사탄은 자기의 위치를 지키지 않은 타락한 천사로 부터 시작되었다.

유 1:6 "또 자기의 지위를 지키지 아니하고 자기 처소를 떠난 천사들을 큰 날의 심판까지 영원한 결박으로 흑암에 가두셨으며"

계 12:9 "큰 용이 내어 쫓기니 옛 뱀 곧 마귀라고도 하고 사탄이라고도 하며 온 천하를 꾀는 자라 땅으로 내쫓기니 그의 사자들도 함께 내어 쫓기니라"

02 사탄의 궤계(詭計)를 파악하여야 한다.

적을 알아야 승리할 수 있다.
지피지기(知彼知己)는 백전백승(百戰百勝)!

고후 2:11 "이는 우리로 사단에게 속지 않게 하려 함이라 우리가 그 궤책을 알지 못하는 바가 아니로라"

03 구원과 전도를 방해하기 위하여 말씀을 마음에서 빼앗는 일 을 한다. 창 3장

눅 8:11-12 "이 비유는 이러하니라 씨는 하나님의 말씀이요 길가에 있다는 것은 말씀을 들은 자니 이에 마귀가 가서 그들로 믿어 구원을 얻지 못하게 하려고 말씀을 그 마음에서 빼앗는 것이요"

04 사탄은 사람의 마음속에 들어와 역사 한다. 요 13:2, 27

고후 4:4 "그 중에 이 세상의 신이 믿지 아니하는 자들의 마음을 혼미하게 하여 그리스도의 영광의 복음의 광채가 비치지 못하게 함이니 그리스도는 하나님의 형상이니라"

행 5:3-4 "베드로가 이르되 아나니아야 어찌하여 사탄이 네 마음에 가득하여 네가 성령을 속이고 땅값 얼마를 감추었느냐 땅이 그대로 있을 때에는 네 땅이 아니며 판 후 에도 네 마음대로 할 수가 없더냐 어찌하여 이 일을 네 마음에 두었느냐 사람에게 거짓말한 것이 아니요 하나님께로다"

05 교회 안에 사역자와 교인 간에 사이를 갈라놓는 일을 한다.

살전 2:17-20 "형제들아 우리가 잠시 너희를 떠난 것은 얼굴이요 마음은 아니니 너희 얼굴 보기를 열정으로 더욱 힘썼노라 그러므로 나 바울은 한 번 두 번 너희에게 가고자 하였으나 사탄이 우리를 막았도다 우리의 소망이나 기쁨

이나 자랑의 면류관이 무엇이냐 그가 강림하실 때 우리 주 예수 앞에 너희가 아니냐 너희는 우리의 영광이요 기쁨이니라"

06 하나님께 순복하여야 한다.

약 4:7 "그런즉 너희는 하나님께 복종할지어다 마귀를 대적하라 그리하면 너희를 피하리라"

07 하나님을 가까이 하고 마음을 깨끗케 하여야 한다.

약 4:8 "하나님을 가까이 하라 그리하면 너희를 가까이 하시리라 죄인들아 손을 깨끗이 하라 두 마음을 품은 자들아 마음을 성결하게 하라"

> ★ 전도를 위한 능력 전도
>
> 능력 전도는 복음을 전함으로 여러 가지 표적과 기사를 나타내는 것으로 성령의 능력을 전적으로 의지하는 전도이다. 초대 교회는 바울과 사도들이 실제로 행한 능력 전도였다. 복음의 능력, 성령의 능력으로 귀신을 쫓아내고 질병을 치유하는 것이라고 할 수 있다.
>
> 그러나 분명히 알아야 할 것은 이미 사탄의 권세를 예수 그리스도께서 부활하심으로 깨트리신 것을 알아야 한다. 예수 그리스도의 이름, 보혈의 능력, 성령의 능력으로 나아가는 것이다. 치유를 위한 치유보다 순수하게 복음을 전하다보면 치유의 능력은 따라오게 된다.

1) "주는 그리스도시오 살아 계신 하나님의 아들"이라고 고백한 자에게 주신능력

   가. 천국 열쇠를 주셨다.

   마 16:19 "네가 땅에서 무엇이든지 매면 하늘에서도 매일 것이요 네가 땅에서 무엇이든 지 풀면 하늘에서도 풀리리라"

   나. 사탄의 모든 능력을 제어할 권세를 주셨다.

   눅 10:18-20 "예수께서 이르시되 사탄이 하늘로부터 번개같이 떨어지는 것을 내가 보았노라 내가 너희에게 뱀과 전갈을 밟으며 원수의 모든 능력을 제어할 권능을 주었으니 너희를 해칠 자가 결단코 없으리라 그러나 귀신들이 너희에게 항복하는 것으로 기뻐하지 말고 너희 이름이 하늘에 기록된 것으로 기뻐하라 하시니라"

   다. 복음 전하는 자에게 주신 특별한 능력이다.

   막 16:15-18 "또 이르시되 너희는 온 천하에 다니며 만민에게 복음을 전파하라 믿고 세례를 받는 사람은 구원을 얻을 것이요 믿지 않는 사람은 정죄를 받으리라 믿는 자들에게는 이런 표적이 따르리니 곧 저희가 내 이름으로 귀신을 쫓아내며 새 방언을 말하며 뱀을 집어 올리며 무슨 독을 마실지라도 해를 받지 아니하며 병든 사람에게 손을 얹은즉 나으리라 하시더라"

   라. 예수의 이름으로 능력이 나타난다 행 3:6, 10:44, 16:18, 약 5:16

   행 3:16 "그 이름을 믿음으로 그 이름이 너희가 보고 아는 이 사람을 성하게 하였나니 예수로 말미암아 난 믿음이 너희 모든 사람 앞에서

이같이 완전히 낫게 하셨느니라"

마. 전도는 영적 전쟁이다. 이미 예수 안에서 승리가 보장된 싸움을 하는 것이다 ^{마 12:29, 행 8:1-13, 약 4:7,8, 고후 2:11}.

고후 4:4 "그 중에 이 세상의 신이 믿지 아니하는 자들의 마음을 혼미하게 하여 그리스도의 영광의 복음의 광채가 비치지 못하게 함이니 그리스도는 하나님의 형상이니라"

2) 복음은 전인 치유이며 포괄적인 복음을 전하여야 한다. ^{롬 1:1-4, 고전 15:3,4}

영혼 구원뿐 아니라 전도는 새로운 피조물을 만드는 영적 새 생명 운동이다. 영혼 살리는 일, 마음 치유, 육체 질병 치유등 복음은 전인을 새롭게 하는 능력이다.

롬 1:16 "내가 복음을 부끄러워하지 아니하노니 이 복음은 모든 믿는 자에게 구원을 주시는 하나님의 능력이 됨이라 먼저는 유대인에게요 또한 헬라인에게로다"

◯ 소그룹 말씀 나눔과 적용

마귀는 십자가와 예수 그리스도의 부활로 인하여 머리가 박살나고 등뼈가 부러졌다. 이미 패잔병이 되어서 예수님 오실 때 까지만 한 시적으로 활동하고 있음을 알아야 한다(already, but not yet). 승리가 보장된 싸움인 것을 알아야 한다.

1. 하나님께 순복하고 하나님을 가까이 하여야 한다 약 4:7,8

2. 죄에서 벗어나 거룩함을 유지하여야 한다 딤후 2:20

3. 그리스도의 구속의 은총에 감격하며 기도하고 감사하여야 한다
   대하 20:21,22

4. 사탄은 1) 마음을 분산시키고 2) 관심을 다른 곳에 두게 하며 3) 기도하지 못하게 한다.

5. 자신의 강점과 약점이 어떻게 마귀에게 이용될 수 있는가?

6. 전도할 때 영적으로 방해받은 것을 나누어 보라.

20

신앙 고백을 통한 간증

"내가 그들에게 영생을 주노니 영원히 멸망하지 아니할 것이요 또 그들을 내 손에서 빼앗을 자가 없느니라 그들을 주신 내 아버지는 만물보다 크시매 아무도 아버지 손에서 빼앗을 수 없느니라" 요 10:28, 29

신자의 구원은 신비적이며 개인적일 뿐 아니라 전적으로 하나님이 역사하심으로 이루어진다. 예수님의 생명을 소유한다는 것은 누구에게나 소유하고 있는 것은 아니다. 그런 의미에서 신자는 개인적으로 예수의 생명을 소유한 자로서의 주관적 체험이 공적인 간증으로 자연스럽게 나타난다.

01 예수 믿기 전의 생활

대부분의 신자들은 신앙의 가정에서 자라나 믿음을 가지게 된 경우와 그 후에 개인적으로 예수님을 믿게 되는 경우가 있다. 어려서부터 교회를 다녔지만 확신이 없이 다니는 경우도 있었다. 자신의 믿기 전 과거는 어떠하였는가?

1) 나의 인생의 문제는 무엇이며 고민한 것은 무엇이었는가?
2) 나의 인생의 문제를 어떻게 해결받기를 원하는가?
3) 나는 인생의 목적은 무엇이며 나의 문제를 해결 받았는가?

엡 2:3 "전에는 우리도 다 그 가운데서 우리 육체의 욕심을 따라 지내며 육체와 마음의 원하는 것을 하여 다른 이들과 같이 본질상 진노의 자녀이었더니"

02 예수님을 믿게 된 경위

지난날의 자신을 돌아보면 비교적 다른 사람들과 착하게 살았다고 생각할 수도 있다. 또한 나 자신이 죄인이라는 것을 깊이 인정하지 않았으며 하나님의 사랑도 알지 못했다. 그런데 하나님께서 저를 사랑하셔서 성령의 역사하심을 통해 나의 죄를 깨닫게 해주셨다. 예수님을 십자가에서 죽게 한 자신임을 깨닫고 가슴을 치며 눈물을 흘리며 회개하게 되었다 행 22:3-4, 행 26:4-5, 빌 3:5-6, 딤전 1:13.

1) 나 자신이 죄인이라는 사실을 얼마나 인정하는가?

2) 내 죄에 대한 회개를 해본 경험에 대하여 나누어 보라.

3) 예수님의 십자가 구속의 은총에 대한 경험을 나누어 보라.

롬 5:8 "우리가 아직 죄인 되었을 때에 그리스도께서 우리를 위하여 죽으심으로 하나님께서 우리에게 대한 자기의 사랑을 확증하셨느니라"

03 예수님을 믿은 후의 생활

나는 하나님께 부름 받아 영혼이 중생하였으며 예수 그리스도의 십자가 사건을 통해 죄 사함을 받아 의롭게 되었다. 영생을 받아 하나님의 자녀가 되었으며 현재 하나님 나라를 소유하였을 뿐 아니라 세상 끝날까지 성령님과 동행하는 삶을 살게 되었다. 예수 생명으로 구원받고 변화 받은 후 마음에 평안이 넘침으로 감사와 감격이 넘치는 생활을 하게 되었다.

1) 나는 구원받은 후 어떤 문제가 해결되었고 어떤 축복을 누리게 되었는가?

2) 나는 현재 하나님의 자녀가 되었다는 사실이 실제 삶 속에서 어떻게 도움이 되는가?

3) 내가 받은 하나님의 은혜에 대하여 앞으로 어떻게 전하며 살고 싶은가?

막 16:15-16 "또 이르시되 너희는 온 천하에 다니며 만민에게 복음을 전파하라 믿고 세례를 받는 사람은 구원을 얻을 것이요 믿지 않는 사람은 정죄를 받으리라"

> ✪ 소그룹 말씀 나눔과 적용
> 1. 간증할 때 주의할 점은 무엇인가?
> 2. 개인적인 체험과 객관적인 체험의 차이는?
> 3. 예수 믿기 전과 믿고 나서 달라진 점은 무엇인가?

롬 15: 20 "내가 그리스도의 이름을 부르는 곳에는 복음을 전하지 않기로 힘썼노니 이는 남의 터 위에 건축하지 아니하려 함이라"

21

인간관계를 어떻게?

"이같이 너희 빛을 사람 앞에 비취게 하여 저희로 너희 착한 행실을 보고 하늘에 계신 너희 아버지께 영광을 돌리게 하라" 마 5:16

죠셉 앨드리히(Joseph C. Aldrich)는 그가 저술한 생활전도(Life-style Evangelism)에서 "개인이나 단체가 효과적인 전도를 위한 제일 요건은 신뢰성이므로 우리는 복음을 전하기 전에 자신이 먼저 복음이 되어야 한다. 생활 전도란 내가 그리스도로 말미암아 무엇을 얻었으며, 어떻게 그것을 소유하게 되었는지를 설명하는 것이다. 진정한 의미에서 전도는 나의 일상생활 속에서 하나님의 성품-그의 사랑, 의로우심, 공의, 신실하심을 나타내는 것이다. 그러므로 전도는 어떤 특정한 시간에 행해지는 특별한 행위가 아니라, 우리가 개인적으로 혹은 함께 그리스도를 체험한 경험에서 끊임없이 흘러나오는 생활의 일부분이다. 좀 더 자세히 말하면 전도는 그의 자녀들이 선포하고, 교제하고, 봉사하는 활동을 통하여 그리스도께서 하시는 것이다"라고 하면서 기독교가 정착된 사회에서는 강권적인 전도를 할 수 있지만 그것보다는 관계를 중요시 하는 전도 방법이 더 자연스럽고 장기적으로 볼 때 더 효과적인 방법이 라고 할 수 있다"라고 하였다.

하나님의 말씀과 성령의 다스리심을 받은 성도들은 하나님께서 우리에게 전도를 위한 선물로 주신 인간 관계망과 크고 작은 그룹들 속에서 성도가 자연스럽게 풍겨내는 사랑의 향기와 진실하고 정직한 삶을 보여주고 느끼게 함으로써 관계된 이웃을 그리스도 예수께로 인도하여 제자 되게 하는 사역이 관계 전도이다.

교회는 예수님이 봉사하신 그 완전한 모델을 따라 종으로서의 교회가 되어야 한다. 종의 역할로서 희생적 봉사를 하는 교회의 사명은 당연히 전도와 사회 참여를 종합한 것이라야 한다. 동반자의 관계로 전도와 사회 참여는 상호 영속의 관계를 가지고 있으나 그 어느 하나의 표현이거나 수단으로 인정할 수 없다. 이런 입장은 예수 그리스도께서 말씀하신 "네 이웃을 사랑하라"는 대계명과 "가서 제자를 만들라"는 것에 의하여 뒷받침되고 있다. 만약 우리가 이렇게 폭넓은 선교의 개념을 받아들일 때 그리스도인은 하나님의 능력으로 이 사회에 보다 강하게 영향을 끼칠 수 있으며 주께서 분부하신 혁신적인 요구를 충족시킬 수 있다.

관계전도의 개념은 관계중심의 생활 속에서 이웃의 필요를 채워주는 사랑의 사역과 이웃을 생활 속에서 강화시키고, 이웃에 관심과 사랑으로 다가가는 사역이다. 이 사역은 성도들의 삶을 통해서 예수 그리스도의 광채를 나타내며, 성령의 열매를 풍성하게 맺음으로 하나님의 영광을 온 누리에 선포하게 된다.

1) 자신이 살고 있는 지역이 전도와 선교 대상이다.

하나님께서는 아브라함에게 가나안 땅을 주실 때 "너는 눈을 들어 너 있는 곳에서 동서남북을 바라보라 보이는 땅을 내가 너와 네 자손에게 주리니 영원히 이르리라" 창 13:14-15고 하셨으며, 자손의 축복을 약속하실 때도 "하늘을 우러러 뭇별을 셀 수 있나 보라" 창 15:5고 하셨다.

2) 이웃 사람들의 얼굴을 익혀야 한다.

사람들은 낯선 사람과 이야기하는 것을 기피하는 경향이 있으며, 오히려 낯익은 사람과 함께 이야기를 하려고 한다. 이웃과 함께 시간을 보낼 수 있는 기회를 많이 가져야 한다.

3) 이웃 사람들과 관계를 강화해야 한다.

불신 이웃과 어떻게 교제할 수 있는지를 하나님이 지혜로 도와주시기를 기도하면서 만날 때마다 공손히 웃으며 인사하여야 한다. 인사는 관계의 시발점이다. 이웃의 이름을 외우되 부부와 자녀의 이름은 물론이며, 친가와 처가의 가족 이름 등을 암기한 후 친근하게 불러야 한다. 이웃과 만났을 때는 따뜻하고 평온한 미소가운데 "성실한 경청과 함께 상대방에 대한 존중을 표시"해야 한다. 이웃의 자녀문제, 고부간의 갈등문제, 경제적인 문제, 이사 문제, 결혼 문제, 집수리 문제, 자동차 문제 등에 대하여 관심을 가지고 얘기하며, 함께 걱정해 주는 것이 필요하다.

4) 이웃을 전도자의 가정에 초대하여 함께 식사하는 자리를 만들어라.
이웃을 식사에 초대할 때는 너무 요란스럽지 않은 것이 좋다. 이웃은 정성이 담긴 간단한 식사에 더 평안함을 느낄 수 있기 때문이다. "같이 식사를 하게 되면 관계가 훨씬 깊어진다."는 사실을 전도자는 믿어야 한다. 이웃과 함께 하는 식사는 가정이라고 하는 장소와 시간 속에서 사랑의 줄로 연합된 관계 속에서 나누는 사랑의 잔치이다. 이 식탁에는 기쁨과 즐거움과 사랑이 넘치며, 서로 평안해야 한다. 이 식탁에는 서로 이웃 간의 감사와 고마움을 덕담으로 나누며, 십자가의 은혜를 인한 "어린양의 혼인잔치" 계 19:9에 대한 소망이 넘쳐야 한다. 이웃을 식사에 초대하였을 때 복음을 이야기해야 한다는 강박관념을 갖지 않는 것이 좋으며, 식사 전에 이웃에 대하여 감사하는 기도를 드리는 것은 필요하다고 생각한다.

5) 공동관심사를 만들어 함께 일하는 것이다.
이 사역의 목적은 동일한 경험을 나눔으로써 서로의 관계를 가깝게 하는 것이다. 이웃의 관심이나 취미가 무엇인가 파악한 후 함께 동역하는 것은 더욱 친밀한 관계로 발전하게 만든다. 성탄절,

추수감사절, 부활절 등을 활용하여 이웃과 함께 이웃의 외로움이나 아픔을 함께 위로하며, 나누는 사역은 좋은 경험이 될 것이다. 이웃에게 기독교 서적이나 테이프 외에 일반적인 선물을 준비하는 것도 중요하다. 전화, 편지 등을 통하여 지속적인 교제를 하여야 한다.

6) 추수할 수 있는 좋은 방법을 찾아야 한다.

전도자가 불신 이웃과 시간을 함께 보내고, 그들의 관심을 찾아 배려하고, 사랑의 교제를 나누는 목적은 사랑하는 이웃에게 이 세상에서 가장 좋은 유익을 주어야 한다. 전도자는 기도하면서 가정 성경공부, 구역예배, 간증집회, 기도모임, 수양회, 세미나, 부흥사경회, 찬양집회, 교회 체육대회 등에 초청하여 성도의 교제를 통하여 도움 받을 것을 권할 수 있다.

7) 불신자 이웃이 예수 그리스도를 구세주로 영접하고 믿을 수 있도록 복음을 전하는 것이다.

전도자는 "모든 성경을 하나님의 감동으로 된 것으로 교훈과 책망과 바르게 함과 의로 교육하기에 유익" 딤후 3:16한 것을 온전하게 믿는 마음으로 복음을 전해야 한다. 전도자는 "구원 얻은 자들에게나 망하는 자들에게나 하나님 앞에서 그리스도의 향기" 고후 2:15요, "그리스도의 편지" 고후 3:3요, "그리스도를 대신하는 사신" 고후 5:20이기 때문이다.

✪ 소그룹 말씀 나눔과 적용

1. 지난주일 은혜주신 말씀을 나누어 보라.

2. 이웃과의 관계를 강화하기 위하여 나는 어떤 노력을 하는가?

3. 불신자와 관계를 맺을 때 주의할 점은 무엇인가?

22

도시 선교
(Urban Mission)

"이르시되 우리가 가까운 마을들로 가자 거기서도 우리가 전도하리니 내가 이를 위하여 왔노라 하시고" 막 1:36

대도시들은 다른 지역보다 매우 많이 발전했을 뿐만 아니라, 여러 소도시에 비하여 정치적으로, 경제적으로, 사회적으로, 교육적으로 앞장서고 있다. 대도시들은 보통 그 나라의 유력한 경제의 메카요, 정부의 소재지요, 문화의 중심지요, 교통과 통신, 산업, 행정 교육의 중심지이다. 그 결과 특정한 대도시에서 일어나는 일이 그 나라 전체에 커다란 영향을 끼치고 있다. 이 같은 관점에서 볼 때 대도시를 그리스도께 인도하는 것은 그 나라 전체를 그리스도께 인도하는 것과 다름이 없다. 따라서 우리는 대도시에 관심과 사랑으로 접근하는 마음이 필요하다. 과거엔 독일이나 영국, 프랑스 미국 캐나다도 도시 안에 있는 교회 중심이었다. 그러나 갈수록 도시가 많은 변화와 발전을 이루어 왔지만 영적으로 윤리적으로 많은 문제들이 생기고 있다.

피터 와그너는 각 도시의 지역 귀신 territorial Spirit을 쫓아내기 위한 땅 밟기 운동을 주장하였지만 그런 식의 접근은 바라직하지 않다.

한국에서도 많은 외국인 체류자들이 늘어나고 있다. 그 이유는 현저히 떨어지는 저 출산과 함께 점차로 늘어나는 고령화 사회로 인한 일할 사람들의 숫자가 부족하여짐으로 인하여 외국 노동력 증가와 국제결혼 증가로 인한 결혼 이민자들이 증가하고 있으며 외국 국적 동포 유입이 될 뿐 아니라 세계 각국에서 온 유학생 증가 등으로 국내 체류 외국인 수는 지속적으로 증가되고 있다. 현재 한국에 체류 중인 외국인들의 숫자가 2017년 통계로 2백만 명이 넘었다고 한다.

한국도 많은 외국인 유입으로 인하여 수십 년이 지나면 다민족 국가로 바꿔질 상황을 대비하여야 한다. 이런 상황을 보게 되면 도시 선교는 세계 선교의 초석을 놓는 일과 같다. 도시에 온 많은 젊은 엘리트들을 대상으로 선교한다는 것은 세계 복음화로 가는 전초 기지와도 다름이 없다.

뉴욕 리디머 처치 티모티 켈러 목사는 다음과 같이 도시 선교 중요성을 말하였다.

1. 도시는 접근 가능성이 용이하다. gate way 즉 외부에서 유입되는 인구들이 갈수록 늘어나고 있다. 직업을 찾는 젊은이 뿐만이

아니라 관광, 자녀들의 대학 입학 등으로 인하여 많은 인구가 도시로 유입되고 있다.

2. 직업적으로 개방적이며 다양한 그룹들이 모여 있다. 다양한 나라의 인종들이 모여 있을 뿐 아니라 각 나라에서 온 엘리트 그룹들이다. 학생, 공무원, 회사원, 각국의 공관원들이 있다.

3. 언어의 다양성과 직종이나 친구 등을 통해 다양한 네트웍을 구성할 수 있다고 하였다.

01 문화의 다양성을 이해하여야 한다.

각 나라 문화를 이해하는 것은 무엇보다 중요하다. 문화에 대한 인정을 하고 문화에 대한 배려가 필요하다. 미국과 캐나다는 다 문화권이다. 한국도 외국 이주민이 2백만 명이 넘었다고 한다. 그런 의미에서 문화를 이해하지 못함으로 인하여 오해와 갈등도 있지만 그리스도의 사랑에 강권함을 받아 저들을 가까이 하여야 한다. 우리 각자가 은사가 다르지만 그리스도의 몸으로 하나가 된 것처럼 문화의 다양성을 이해하여야 도시 선교에 참여할 수 있다(unity in diversity).

고전 12:13 우리가 유대인이나 헬라인이나 종이나 자유인이나 다 한 성령으로 세례를 받아 한 몸이 되었고 다 한 성령을 마시게 하셨느니라

02 직업에 대하여 전문적인 사역자

목회자만이 아니라 교회 리더들이 사업에 전문적으로 참여할 수 있게 만들어야 한다. 크리스챤 기업인, 교회 리더들이 사회에서 전문가가 되어 교회 세우는 일에 도움을 주도록 하여야 한다. 핸드릭 크레머는 평신도를 동결된 재산(frozen asserts)이라고 하며 따듯하게 녹여 활용하지 않으면 아무 소용이 없다고 하였다. 냉동고에 아무리 많은 음식이 있어도 사용하지 않으면 아무런 소용이 없다. 그레그 옥덴 교수는 성령의 은사를 발견하도록 돕는 일을 하게 하여야 한다고 하였다. 많이 배우고 많이 가진 자가 나눌 수 있도록 크리스찬 전문가를 길러야 한다고 하였다.

폴포드 교수는 Who I am Who we are 자신이 누군가를 알 때 자신이 도울 수 있는 사역을 감당하게 된다고 하였다. 하나님이 의도하신 바 하나님이 나를 통한 계획을 알아야 한다. 몸은 하나이지만 지체가 다양하다. 다민족 사회에 있어서 함께 고통당하고 함께 즐거워하여야 한다. 약한 지체가 있고 요긴한 부분이 있다.

롬 15:1,2 믿음이 강한 우리는 마땅히 믿음이 약한 자의 약점을 담당하고 자기를 기쁘게 하지 아니할 것이라 우리 각 사람이 이웃을 기쁘게 하되 선을 이루고 덕을 세우도록 할지니라 그리스도께서 자기를 기쁘게 하지 아니하셨나니

03 가난하고 소외된 자들. 고난 받는 자들에게 관심을 가져야 한다.

돈과 힘이 있는 사람에게 가까이 하는 것이 아니라. 고난받고 소외된 계층이 관심을 가져야 한다. 각 나라와 문화, 예술, 사회, 복지 등에 관심을 가져야 한다. 유대인들은 회당을 먼저 세우고 학교, 출판 사업, 유료 사업, 신앙과 직업을 위해 네트웍을 세웠다고 한다. 동성 결혼과 대마초에 대한 사회적 이슈에 대하여 관심을 갖고 참여하여야 한다.

토론토에도 다 민족 교회를 사역하는 목사님들도 있다. 그 중에 Dixie Baptist Church 를 사역한 안석환 목사님이 계시다. 안석환 목사님은 과학자로 엔지니어로 미 항공우주국(NASA) 캐나다 암 프로젝트(Canada Arm Project)에서 사역하면서 캐나다 국가에도 공헌하며 헌신하였다가 하나님께 부름받아 홍경숙 사모와 함께 중남미와 아시아등에서 온 난민들을 도우며 사역하다가 교회가 성장되면 분가시켜 다 민족 교회를 성공적으로 감당하신 목사님이시다.

또한 현직 목회자로서 Jane & Finch 지역의 Univercity Presbyterian Church에서 사역하는 김진혁 목사님이 계시다. 유니버시티 교회는 54년 된 교회로서 토론토에서 문제가 많은 지역이지만 김진혁 목사는 2005년도 부터 부임해 오늘까지 사역하고 있다. 26개 나라 교인들이 모이고 있으며 아프리카 계열(카나, 우간다, 콩고 등) 30% 중남미 계열

25%(자마이카, 가이아나 등) 인도 계통 20% 그 외 3가정의 한국인 가정 등 Intercultural Church를 하고 있다. 토론토에서 가장 낙후된 지역에서 사역하지만 행복하게 목회하고 있다고 하였다. 그는 다민족 교회를 통해서 자기 문화 중심의 관점을 버려야 하며 타 문화에 대한 공부가 절대적으로 필요하다고 하였다. 그 외 데이븐 포트 연합 교회를 시무하는 이애경 목사와 은퇴한 심성택 목사, 일본인 교회를 시무한 김락훈 목사님이 계시다.

> **마 9:36** 무리를 보시고 불쌍히 여기시니 이는 그들이 목자 없는 양과 같이 공생하며 기진함이라 이에 제자들에게 이르시되 추수할 것은 많되 일꾼이 적으니 그러므로 추수하는 주인에게 청하여 추수할 일꾼을 보내주소서 하라 하시니라.

04 다민족 교회 개척 사업과 작은 교회 돕기 운동

다민족의 다양성뿐 아니라 교파의 다양성을 인정하여야 한다. 대부분 부모의 신앙과 교파에 따라 자녀들도 교회를 선택하게 된다. 부모가 장로교회 교인이니 가족 모두 장로교회에서 신앙 생활하였다. 도시는 모든 교회가 장로교 교인들만 모인 곳이 아니다. 감리교, 성결교, 침례교, 연합 교회, 오순절 계통등도 강조하는 부분이 있고 장점이 있다. 각 교파를 통해 예수 생명의 복음이 전파되고 하나님 나라가 확장이 되어 진다. 우리 교회만이 아니라 다른 교파의 교회도 잘 되어야 한다. 지역적으로 가까운 다른 교회로 갈 수 있도록 돕는 일을 하여야 한다. 교회가 많이 있지만 그래도 교회 개척 운동은 계속되어져야 하며 작은 교회 돕는 운동을 하여야 한다.

엡 4:3 평안의 매는 줄로 성령이 하나되게 하신 것을 힘써 지키라 몸이 하나요 성령도 한 분이시니 이와같이 너희가 부르심의 한 소망 안에서 부르심을 받았느니라 주도 한 분이시오 믿음도 하나요 세례도 하나요 하나님도 한 분이시니 곧 만유의 아버지시라 만유 위에 계시고 만유를 통일하시고 만유가운데 계시도다

05 기도와 전도(선교)

수평 이동을 통해서 교회 성장을 이루는 것이 아니라 순수하게 하나님 말씀과 복음을 전하므로 세워지는 교회, 예수 그리스도를 살아 계신 하나님의 아들이라고 고백하는 교회가 많아져야 한다.

롬 15:20 또 내가 그리스도의 이름을 부르는 곳에는 복음을 전하지 않기를 힘썼노니 이는 남의 터 위에 건축하지 아니하려 함이라

예수님은 도시를 다니시며 제자들과 함께 하나님 나라 운동을 펼치셨다.

눅 4;43,44 예수께서 이르시되 내가 다른 동네들에서도 하나님 나라 복음을

전하여야 하리니 나는 이 일을 위해 보내심을 받았노라 하시고 갈릴리 여러 회당에서 전도하시니라

눅 13:22 예수께서 각 성 각 마을로 다니사 가르치시며 예루살렘으로 여행하시더니...

눅 10:1-3 그 후에 주께서 따로 칠십 인을 세우사 친히 가시려는 각 동네와 각 지역으로 둘씩 앞서 보내시며 이르시되 추수할 것은 많되 일꾼이 적으니 그러므로 추수하는 주인에게 청하여 추수할 일꾼들을 보내 주소서 하라 갈지어다 내가 너희를 보냄이 어린 양을 이리 가운데로 보냄과 같도다.

눅 14:21-23 종이 돌아와 주인에게 그대로 고하니 이에 집 주인이 노하여 그 종에게 이르되 빨리 시내의 거리와 골목으로 나가서 가난한 자들과 몸 불편한 자들과 맹인들과 저는 자들을 데려오라 하니라 종이 이르되 주인이여 명하신 대로 하였으되 아직도 자리가 있나이다 주인이 종에게 이르되 길과 산울타리 가로 나가서 사람을 강권하여 데려다가 내 집을 채우라.

예수님과 사도 바울의 선교는 도시 선교였다. 바울은 대도시를 거점으로 삼아 그 곳에 사역을 집중하였다. 바울은 대도시들이 주변의 읍과 시골로 복음을 퍼뜨리는 관문이 될 것을 희망하고 그곳에 복음의 씨를 뿌렸다. 바울이 쓴 신약 서신을 보면 에베소서, 빌립보서, 데살로니가서, 고린도서 등 모두 그 당시 로마제국의 주요 도시에 있는 교회에 보낸 편지들이다. 실제로 누가는 사도행전에서 초대 교회 선교를 도시선교의 관점에서 기록하고 있다. 누가는 갈라디아 지방 대신에 이고니온, 루스드라, 더베 도시 행 14:1-28를, 마게도냐 지방 대신에 빌립보, 데살

로니가, 베뢰아 도시 행 16:9-17:14를, 그리고 아가야 지방 대신에 아덴과 고린도 도시 행 17:15-18:18를 거명하면서 사도들의 선교 사역을 기술하고 있다. 바울은 마게도냐 지방의 주요도시인 빌립보, 데살로니가, 베뢰아를 중심으로 사역을 하였다. 드로아에서 사모드라게와 네압볼리를 지나 빌립보로 갔으며, 그 다음에는 암비볼리와 아볼로니아를 지나 데살로니가와 베뢰아로 갔다. 바울이 이 세 도시를 선교의 중심지로 선택하였다.

직장과 교육의 도시 네트웍을 통해 예수 생명 운동, 성령을 통한 복음 운동이 일어나야 한다. 십자가 부활의 복음을 믿는 성도들이 많아져야 한다. 도시 선교는 엄청난 파급 효과가 있다. 이같이 초대교회는 대도시들을 선교의 기회로 보았다. 사회와 도시로부터 물러나는 쿰란공동체들처럼 현실에서 도피한 것이 아니라, 초대교회의 사도들과 전도자들은 도시를 적극적으로 활용해서 교회 역사상 유례를 찾아볼 수 없을 정도로 대단한 업적을 이루었다. 바울이 로마의 도시들에 복음을 전함으로써 전 세계에 "예수 생명 운동"이 들불처럼 퍼져나갔다. 주후 3백년 경 방대한 로마제국의 최소한 일부 지역들의 경우 도시 인구의 절반이 기독교 신앙을 갖게 될 정도로 교회는 도시에서 급성장하였다.

에덴동산에서 시작한 하나님 나라가 예수님이 다시 오심으로 종말론적 성취가 이루어진다. 천국 복음은 반드시 온 땅에 전파되며 그리스도는 다시 오신다. 이미 이루어진 예수님의 천국이 다시 오게 된다. 우리들이 생각하는 땅 끝은 어디인가? 지구는 둥그렇다. 내가 서 있는 자리에서 한 바퀴 뒤로 돌면 여기가 땅 끝이다. 여러분이 서있는 곳이 땅 끝이다. 토론토, 뉴욕, 서울에서 예수 생명의 복음이 선포되어질 때 하나님 나라가 확장된다. 성령의 역사에 민감하게 반응하며 순종하는 자를 통해 역사하신다. 전도 명령은 순종하는 자를 통해 역사한다. 성공하는 사람들은 항상 훈련된 사람들이고 훈련되지 않은 사람들은 항상 성공하지 못한다. 성공은 하늘에서 떨어지는 것이 아니다. 성공은 하나님이 주신 잠재력을 최대한 활용할 수 있도록 만들어 주는 훈련에서 나온다, 설교자가 먼저 복음에 합당한 삶을 살면서 복음에 벅찬 감격을 가지고 성령의 능력으로 전하는 일을 할 때 설교자가 변하고 교인들이 변한다 나의 능력이 아니라 성령의 능력 안에서 예수그리스도만 전하고 그 결과는 하나님께 맡겨야 한다. 성령과 능력과 큰 확신으로 전하여야 한다.

✪ 소그룹 말씀 나눔과 적용

1. 우리가 살고 있는 지역의 특징은 무엇인가?
2. 내가 살고 있는 지역에서 받은 은혜와 축복은 무엇인가?
3. 내가 살고 있는 지역에서 소금과 빛의 역할을 한 것이 무엇인가?

23

다음 세대(Next generation)를 어떻게?

"오늘 내가 내게 명하는 이 말씀을 너는 마음에 새기고 네 자녀에게 부지런히 가르치며 집에 앉았을 때에든지 길에 갈 때에든지 누워 있을 때에든지 일어날 때에든지 이 말씀을 강론할 것이며 너는 또 그것을 네 손목에 매어 기호로 삼으며 네 미간에 붙여 표로 삼고 또 네 집 문설주와 바깥 문에 기록할지니라" 신 6:6-9

한국 교회와 이민 교회가 갈수록 고령화되고 있다. 한국 교회 절반이 현재 주일 학교가 없어질 정도로 심각한 문제가 일어나고 있다. 한국 사회도 현재 출산율이 현저히 떨어져 세계 최대의 저 출산 국가가 되었다. 이것은 미래적으로나 국가적으로 상당히 불행한 일이다. 저 출산 문제는 국가의 존립 문제로 이어질 정도이다. 여성의 사회적 진출이 많아지며 결혼 시기가 늦어지고 전세금 급등 등으로 결혼을 위한 집 마련 부담이 가중되고 있다. 결혼을 한다 해도 육아 부담이 만만치 않을 뿐 아니라 자녀들 교육을 위한 사교육비를 생각하니 많은 젊은 부부들이 출산 기피 현상은 더 심화하고 있다. 이런 세태를 반영하듯 청년들은 치솟는 물가와 직장 취업난 직장 등의 미래의 불확실함으로 인하여 연애, 결혼, 출산 세 가지를 포기하는 소위 '삼포세대'라는 말까지 생겼다. 교회도 이러한 사회적 분위기에 의하여 차세대에 대한 새로운 각오와 결단이 필요한 때이다. 차세대에 대한 관심을 가지고 많은 노력을 하고 있지만 실제로는 차세대에 대하여 구체적으로 진행하는 교회들은 많지 않다. 차세대에 정확한 문제를 발견하고 대처하지 못하면 교회는 생존할 수 없다. 차세대 문제는 교회뿐 만이 아니라 한 민족의 미래가 달려 있다고 해도 과언이 아니다. 포스트모던을 살고 있는 차세대들에게 기성 교회와 부모님 등은 어떤 대안을 찾을 수 있을까? 교회에만 모든 신앙적 교육을 맡기는 것으로 그쳐서는 안된다. 어떻게 보면 가정이 더 중요하다. 가정에서서 신앙적 교육을 하여야 한다. 교회와 가정이 어떻게 하면 말씀 중심, 교회 중심의 신앙을 뿌리 내릴 수 있는가에 대하여 교육과 예배, 대화로 풀어 나가야 한다. 한국 2세들은 얼굴과 스타일만 한국인이지 언어와 문화, 습관은 캐나디언과 똑같다. 최근에 온 이민자들은 대부분 영어도, 한국말도 잘할 뿐만이 아니라 토요일마다 한인들이 운영하는 한글어학교가 있어서 한국어를 가르치고 있다. 그러나 과거 오래 전에 이민 왔던 1세 부모 등은 자녀들을 제대로 한국말로 지도할 시간이 부족하였다. 그러므로 2세들은 한국어를 하지 못하며 영어에 익숙해져 있기에 한국어로 예배드리면 전혀 알아듣지 못하게 된다. 결국 이런 형편으로 인하여 2세들을 중심하여 영어권 예배를 드리게 되어서 오늘에 이르렀는데 문제는 2세들을 지도하는 영어권 목회자가 사명감과 기도, 특히 새벽 기도와 말씀, 전도, 선교 등에 대하여 부족함으로 단순히 이성적인 신앙생활을 하는 경우가 많다는 것이다. 이렇게 되면 우리 한국인들이 갖고 있는 신앙적 장점인 말씀대로 사는 신앙이 2세들에게 전수가 되지 않음으로 인하여 미국 교회와 같은 신앙생활을 하게 되어 북미의 교회가 노인들만이 참석하여 복음의 계승이 이루어지지 못하는 전철을 밟을 수 있게 된다는 것이다.

이민 교회는 이렇게 2세들로 인하여 교회의 입장은 목회자 따라 다르게 나타나지만 모두 다 어려움을 겪고 있는 것은 사실이다. 또한 이민 교회 목회자가 2세 목회자와 완벽한 대화가 이루워지지 못함으로 인하여 교회의 비전과 선교적 사명을 함께 감당치 못하고 있는 실정이다.

이에 대한 대안으로서

가. 2세들의 문화와 언어를 이해하는 안목을 가져야 한다.

2세들은 무조건 순종과 복종이라는 것을 이해하지 못한다. 자신들이 이해되고 합리적이어야 따라 온다 그러므로 2세들과 부모, 목회자, 2세 지도자들이 모두다 협력하여 저들과 대화를 많이 하며 저들을 설득하는 일을 하여야 한다.

나. 한국인이며 캐나디언이라는 정체성을 심어주어야 한다.

한국은 지금 세계적으로 2번째로 선교사를 해외에 많이 파송하고 있는 나라이며, 경제적으로도 세계 12번째 규모를 갖고 있는 나라이다. 영어권 지도자나 목회자가 한국인이라는 자긍심과 정체성을 심어주어야 한다. 물론 하나님 나라의 시민권을 가진 최고의 정체성을 당연히 제일 우선적으로 가르쳐야 한다.

다. 차세대를 대상으로 사역하는 사역자들의 양성과 훈련이 절실히 필요하다.

그러기 위해서는 끊임없는 투자와 기도와 헌신이 필요하다. 오늘 우리가 투자해야 할 곳이 여러 곳 있겠지만 다음 세대를 책임질 수 있는 지도자를 세우는 일이 시급하다. 차세대들도 선교 대상이다. 선교적 마인드를 가지고 대하여야 한다. 같은 한국인의 외모를 가지고 있지만 그들은 우리와 다른 시대와 언어와 문화를 있기에 기존 가지고 있는 관념으로 접근해서는 안된다.

황영송 목사는 "오늘의 교회는 수많은 차세대를 잃어가고 있으며 그들이 왜 한인교회를 떠나는지조차도 모르고 있는 상황에 놓여 있습니다. 차세대가 희망이라고 말하지만 차세대를 위한 구체적인 계획과 실질적인 방법에 있어서 많이 부족하다는 것을 느낍니다. 차세대를 제대로 이해하지 못한다면, 그래서 차세대 문제에 대해 제대로 대처하지 못한다면 교회는 생존할 수 없다는 위기의식을 가져야 할 것"이라고 강조했다.

  1) 그들의 말을 경청해 주세요. 2) 룰을 정했다면 정확하게 자녀에게 전달해 주세요(Clear). 3) 일관성(Consistency) 4) 입장을 바꾸어서 생각해보세요. 5) 대화의 문을 열어 주세요. 마침표가 아니라 쉼표로 대화를 끝내세요.

24

노인 선교
(Silver Mission)

    2005년 현재 한국인의 평균수명은 78세로 세계 3위이다. 65세 인구 비중은 전체의 9%를 차지한다. UN은 인구 구조에 따른 사회 분류에 있어 총 인구에서 65세 이상 고령인구가 차지하는 비중을 기준으로 '고령화 사회(aging society)' (7% 이상) '고령사회(aged society)' (14% 이상), '초 고령사회(super-aged society)' (20% 이상)로 분류하고 있는데, 한국은 이미 고령화 사회를 넘어서 2018년이 되면 '고령 사회'(14%)가 될 것이라 예측된다. 선진국이 40년에서 115년이 걸린 것과 비교하면 사상 유례 없는 초고속으로 진행되고 있는 것이다. 노인문제를 연구하는 학자들은 일반적으로 65세 이상을 노인으로 규정하고 있다. 노인이 되면 일반적으로 경제적으로 자립하지 못하고, 건강이 악화되며, 의지할 곳이 마땅하지 못하여 어려운 생활을 하게 되는 사람들이 많아지고, 변화하는 사회에 적응하지 못해 사회부적응을 겪게 되는데 이러한 여러 가지 문제를 노인문제라 할 수 있다. 노인들이 겪는 일반적인 어려움을 4고(苦)라 한다. 즉, 빈고(貧苦), 고독고(孤獨苦), 무위고(無爲苦), 병고(病苦)를 말한다. 그런데다 우리사회는 서구문명의 영향과 산업사회의 영향으로 개인주의 이기주의 핵가족주의로 물들어 부모공경 풍조는 점차 쇠퇴되고 있는 반면, 세계에서 보기 드문 출산율의 급격한 감소로 인구증가율이 둔화되고 평균수명은 증가하면서 65세 이상의 노령자가 전 인구에서 차지하는 비율이 높아짐에 따라 노령화 사회를 맞이하게 되었다.

21세기는 노인 선교(silver mission)의 시대가 되었다. 고령화된 사회는 한국이나 이곳 캐나다도 마찬가지이다. 한국은 이제 저 출산 국가가 되어 산부인과 병원이 문을 닫는 사례가 속출하고 있다. 한국적 상황에서는 아직도 노인들이 제대로 대우를 받지 못하고 있으며 경제적으로나 사회적으로 소외되어 어려움을 겪고 있는 노인들이 많아지고 있기에 교회에서도 노인 선교를 위한 관심이 높아지고 있다. 이곳 캐나다는 노인들에 대한 배려가 정부 차원에서 65세 이상이 되면 연금과 주택 지원, 의료 보험 등 여러가지로 지원하는 것을 원칙으로 하고 있다. 한국뿐만이 아니라 이 지역에 노인 선교를 위하여 적극적 관심과 사랑을 가지고 참여하는 일을 하여야 한다.

'시니어 미니스트리' 대표 김재홍 목사의 "시니어 사역의 새로운 패러다임을 찾아서"라는 주제로 미주에 한인이민유입이 중단되고 한인교회 성도들이 고령화되어 가고 있는 가운데 시니어 사역이 중요시 되고 있다.

김재홍 목사는 시니어에 들어 있는 영어 철자를 따라 'S.E.N.I.O.R.S.' 모델이라 부르기도 한다. 이 모델은 시니어 사역의 권위자라고 할 수 있는 Richard Gentzler 박사가 제안하는 모델이다.

먼저 S는 Spirituality 즉 영성으로 깊어지는 시니어가 되도록 돕는 사역이다. 시니어 사역의 가장 기초가 되고 근원이 되는 분야로서 시니어 사역이 자칫 '베이비 시터'와 같이 '시니어 시터'로 끝나지 않기 위해서는 말씀 교육을 통한 영성 훈련이 강조되어야 한다. 시니어들을 위한 특화된 바이블 클래스가 필요하다. 연로해지면서 갖게 되는 우울한 마음들, 자존감의 상실, 그리고 자녀들이나 배우자에 대한 분노와 거리감들, 각종 노화 현상으로 인해 여기저기 나타나는 신체 질환과 통증 때문에 겪는 스트레스 등등, 시니어들이 갖고 있는 어려움들을 하나님의 말씀으로 이겨낼 수 있도록 인도하여야 한다. 아니면 그와는 반대로 매일 소소한 즐거움을 찾아 먹고 마시고 유희하는 시니어들에게 의미 있는 삶이란 과연 무엇인지, 하나님 앞에 신실한 크리스천의 덕목이란 정말 무엇인지 돌아보는 영적 각성을 경험하도록 도와드려야 한다.

둘째로 E는 정신적으로 더욱 원숙(enrichment)해지는 사역 분야라고 할 수 있다. 주로 평생학습을 통한 지혜와 지식을 계속 증진시켜 가는 것이다. 디지털 세상을 배워가는 컴퓨터 학습도 필요하다. 인공지능이

다가오는 세상이 어떤 모습이 될지 미래 모습도 가르쳐 세월이 가는 중에도 지혜로운 삶을 살 수 있도록 도와드려야 한다. 그래야 손자 손녀들과 대화를 할 수 있는 법이다. 지혜와 지식을 갖춘 노년의 삶은 대단히 중요한 요소이다.

셋째로 N은 Nutrition 즉 웰빙에 대한 사역 영역이라고 할 수 있다. 우리의 인생은 영혼과 육신에 걸쳐서 온전함을 갖추는 것이 진정한 건강 wellness라고 할 수 있다. 시니어의 시기는 육체적으로 연약해지는 시기이다. 시니어 사역에서 가장 많은 손이 필요한 곳이 바로 건강을 돌보는 nutrition 사역이라고 할 수 있다. 이것은 단지 좋은 음식을 마련해드리는 것이 아니라 시니어 공동체 전체 식구들을 돌아보는 건강한 사랑과 나눔의 사역이 필요하다는 것이다.

넷째로 I는 Intergeneration 즉 세대 간의 화합을 이루는 시니어가 되어야 한다. 차세대를 돌보는 시니어가 되지 않는다면 자칫 이기적이고 폐쇄적인 경로당 교회를 만들기 십상이다. 다음 세대에게 믿음을 전수하고, 자라나는 세대들에게 꿈을 전하는 시니어, 다음 세대를 이 땅의 주인공들로 자라도록 멘토링하는 영역이 바로 여기에 해당한다 하겠다.

다섯째로 O는 Outreach 즉 전도와 선교의 영역이다. 우리가 아무리 나이 먹고 노쇠하여 지더라도 우리는 주님의 제자로서 교회 안에만 머무르는 것이 아니라 교회 밖을 향해 복음을 전하고 사랑을 더하는 전도자, 선교사로서의 삶을 살아야 한다. 시니어 단기 선교와 전도대회를 갖도록 사역팀을 만들어 봐야 한다.

여섯째로 R은 Recreation 혹은 Refresh의 영역이다. 시니어들도 즐겁고 유쾌한 인생을 살 수 있도록 도와드려야 한다. 자녀들을 위해 희생만 하는 것이 아니라 하나님이 지으신 이 넓은 세상, 아름다운 세상을 발견하고 누릴 수 있도록 돕는 사역을 해야 한다.

일곱 번째, 마지막 S는 Service 즉 봉사를 가리킨다. 교회는 말씀을 듣고 주님의 사랑으로 서로 섬기는 곳이어야 한다. 교회 모든 구성원들은 주어진 환경과 은사 가운데 최선을 다해 주님의 몸을 이루는 섬김의 장소이다. 젊은 시절 이미 교회를 섬겼기에 이제는 뒤로 물러나 있는 것은 일견 맞는 말씀이다. 그러나 시니어들도 여전히 하나님의 자녀로서 주신 몸과 맘을 주님을 위한 사역자로 삶을 마무리할 수 있도록 안내해 드려야 한다.

시니어 사역은 새로워져야 한다. 그리고 창의적인 시각을 갖고 접근해야 하는 영역이다. 왜냐하면 우리 모두 이런 장수시대를 살아보지 않았기 때문이다. 지금까지는 대접을 받기만 하던 '노인 사역'이었지만, 이제는 시니어가 주체가 되어 '시니어에 의한, 시니어를 위한, 그리고 시니어의 사역'으로 전환되어야 할 시기다.

25

거리 전도
(Street Mission)

"새벽 아직도 밝기 전에 예수께서 일어나 나가 한적한 곳으로 가사 거기서 기도하시더니 시몬과 및 그와 함께 있는 자들이 예수의 뒤를 따라가 만나서 가로되 모든 사람이 주를 찾나이다 이르시되 우리가 다른 가까운 마을들로 가자 거기서도 전도하리니 내가 이를 위하여 왔노라 하시고"
막 1:35-38

이 세상에서 인류 최대의 사건은 예수 믿고 죄사함 받은 사건이라 할 수 있다. 그래서 크리스천은 이 세상에 가장 큰 축복을 받은 자이다. 예수님이 이 세상에 오신 것은 섬김을 받으려 함이 아니고 제자들의 발을 씻기셨을 뿐 아니라 자신의 목숨을 죄인들을 인하여 희생하셨듯이 생명을 살리는 일을 하기 위하여서는 시간과 마음과 물질, 노력이 동반되어야 하여야 한다. 신자는 예수님의 지상 명령을 순종하는 교회로서의 뚜렷한 비전과 함께 현장에서 순종하여 복음을 전하면 영생을 주시기로 작정된 자는 다 믿게 된다 행 13:48.

01 전도자의 기본적인 자세

1) 거듭남의 체험이 있는 자(구원의 확신을 가진 자)

    요 3:5 "예수께서 대답하시되 진실로 진실로 네게 이르노니 사람이 물과 성령으로 나지 아니하면 하나님 나라를 볼 수 없느니라"

2) 영혼을 사랑하는 마음을 가져야 한다. 즉 긍휼히 여기는 마음이다 마 9:35-38.

    예수님은 무리를 보시고 불쌍히 여기셨다.

    롬 9:1-3 "내가 그리스도 안에서 참 말을 하고 거짓말을 아니하노라 나에게 큰 근심이 있는 것과 마음에 그치지 않는 고통이 있는 것을 내 양심이 성령 안에서 나로 더불어 증언하노니 나의 형제 곧 골육의 친척을 위하여 내 자신이 저주를 받아 그리스도에게서 끊어질지라도 원하는 바로라"

3) 전도 명령을 순종하여야 한다.

    마 10:7-8 "가면서 전파하여 말하되 천국이 가까웠다 하고 병든 자를 고치며 죽은 자를 살리며 나병 환자를 깨끗하게 하며 귀신을 쫓아 내되 너희가 거저 받았으니 거저 주라"

4) 말씀으로 충만하여야 한다 렘 23:29, 벧전 1:23.

    히 4:12 "하나님의 말씀은 살아 있고 활력이 있어 좌우에 날선 어떤 검보다 예리하여 혼과 영과 및 관절과 골수를 찔러 쪼개기까지 하며 또 마음의 생각과 뜻을 감찰하나니"

5) 성령 충만하여야 한다 ^행 1:8.

   ^슥 4:6 "만군의 여호와께서 말씀하시되 이는 힘으로 되지 아니하며 능력으로 되지 아니하고 오직 나의 영으로 되느니라"

6) 욕이나 핍박을 두려워하지 않아야 한다.

   ^마 10:28 "몸은 죽여도 영혼은 능히 죽이지 못하는 자들을 두려워하지 말고 오직 몸과 영혼을 능히 지옥에 멸하실 수 있는 이를 두려워하라"

7) 기도로 무장하여야 한다 ^행4:29.

   전도의 승패는 기도에 달려 있다.

   ^골 4:2,3 "기도를 계속하고 기도에 감사함으로 깨어 있으라 또한 우리를 위하여 기도하되 하나님이 전도할 문을 우리에게 열어 주사 그리스도의 비밀을 말하게 하시기를 구하라 내가 이 일 때문에 매임을 당하였노라"

8) 인격이 구비되어야 한다. 삶으로 하나님을 보여 주는 자이다 ^마 5:14-16.

   ^{벧전} 2:9 "그러나 너희는 택하신 족속이요 왕같은 제사장들이요 거룩한 나라요 그의 소유가 된 백성이니 이는 너희를 어두운데서 불러내어 그의 기이한 빛에 들어가게 하신 이의 아름다운 덕을 선포하게 하려 하심이라"

9) 전도의 중심은 예수 그리스도의 생명, 십자가와 부활의 복음을 전하는 것이다.

예수 그리스도의 복음은 전인을 치유하고 새롭게 하는 능력이다. 예수님은 자신의 축사와 병 고침을 하나님의 나라가 임하는 하나님의 통치로 보았다. 하나님의 통치가 실현되는 증거로. 예수님의 축사와 치유는 예수님께서 선포하는 하나님 나라에 대한 시위(demonstration), 주해(commentary), 예시(illustration), 실제화(actualization)이다.

예수님이 삭개오에게 '오늘 이 집에 구원이 임했다.'는 것은 하나님 나라 구원의 치유가 임했다는 뜻이다. 죄인 삭개오에게는 치유가 하나님 나라의 올바론 관계 회복, 이웃과의 관계 회복, 물질 문제 회복, 모든 관계성 속에 자유, 정의 사랑이 이루어진다. 다른 말로 샬롬이 이루어진 것이다. 이 모든 것은 성령의 힘주심, 능력 주심으로 가능하다.

02 전도자의 중요한 자세

1) 한 사람 전도에 초점을 맞추어야 한다.

   마 10:13 장기적으로 몇 명 전도하겠다고 크게 정하면 나중에 전도가 힘들어지게 된다. 교회 성장이나 부흥의 관점으로 전도하게 되면 나중에 지친다. 한 영혼에 집중하다보게 되면 교회 부흥과 성장은 따라 온다. 전도는 성공 실패가 없다. 내가 평안의 복음을 전하여 받으면 그 평안이 그 사람에게 머물고 안 받으면 빈 평안이 나에게 온다.

2) 체면과 자존심을 다 버려야 한다.

   히 12:2 전도하다 보면 별 말을 다 듣게 되고 교회와 신자들을 부정적으로 보는 사람들이 많이 있다. 자존심도 상하지만 너그러움 마음으로 상대방을 받아주어야 한다. 예수님은 십자가에서 멸시와 천대, 수욕의 십자가를 지셨다. 자존심 상할 때마 다 예수 그리스도를 바라보아야 한다.

3) 새신자가 전도의 문이다. 전도한 사람의 인적 사항이나 특이점과 전화 번호를 자세히 적어 놓아야 한다. 오래된 신자보다 새신자 주변에 전도 대상자가 있다. 새신자의 가족이나 친구들을 살펴보아야 한다.

4) 일주일에 시간과 정한 횟수대로 전도와 심방할 것을 하나님과 자신에게 약속하여야 한다.

5) 댓가나 보상을 바라지 말아야 한다.

눅 17:10 자신의 이름이나 명예를 받으려고 하지 말고 자신은 하여야 할 것을 한 것뿐이며 거저 받은 것을 거저 준 것으로 생각하여야 한다.

단 12:3 하나님 앞에 한 것이다. 오른 손이 한 것을 왼 손이 모르게 하라는 것처럼 모든 공과 영광은 하나님께 돌려야 한다. 나중에 하나님 앞에 면류관이 있고 하나님 나라에 별과 같이 빛나게 된다.

6) 처음 대화가 시작되고 10 분 안에 대화의 주도권을 잡아야 한다. 사람들의 이야기를 들어주다보면 끝이 없다. 영적인 대화, 죄와 죽음에 대한 대화로 바꿔야 한다.

7) 성령의 인도하심에 민감하여 찬스를 놓치지 말아야 한다.

   상대방의 표정을 보면서 효과적인 복음을 제시할 기회를 찾아야 한다. 때로는 미련하고 무식하게 할 때도 있지만 수준 높게 예의 바르게 하기도 하여야 한다.

8) 같은 교회 안에 신자들 중에 간증 거리를 활용하여야 한다. 직업이나 전공, 같은 고향 등을 소재로 상대방과 대화의 접촉점을 찾는다.

9) 인간의 가장 큰 문제는 죄라는 것을 전해야 한다.

   모든 문제가 죄로부터 발생된 것이다. 죽음도 인간의 최대 원수이다. 죄와 사망, 사탄의 권세를 예수 그리스도의 십자가와 부활로 깨트리셨다. 예수님의 승리는 우리의 승리이다. 예수님이 이김은 우리의 이김이다.

10) 물질 사용을 아끼지 말아야 한다.

    적은 금액이나 때로는 큰 금액을 사용할 때도 있다. 내게 있는 모든 것은 하나님의 것이다. 생명 살리는데 사용하는 물질은 언제든지 하나님이 반드시 채워주신다.

11) 전도할 때 깔끔한 옷을 준비한다.

    사람들은 외모를 보며 때로는 무시한다. 최대한의 정장을 갖추도록 한다.

12) 전도자는 약속을 생명같이 여겨야 한다.

　　자신도 약속을 지키며 전도 받은 사람도 꼭 약속을 지키도록 하게 한다.

13) 나이 드신 분들에게 깍듯이 정중히 대한다.

　　어머니같이 아버지 같이 친밀하게 대하여야 한다.

14) 교회 자랑, 목사님의 장점을 이야기한다.

15) 새신자를 양육하는 기본적인 커리큘럼을 가지고 있어야 한다.

　　새신자를 돌보는 영적인 멘토 바나바와 같은 인물을 붙여 준다.

　　(중생, 회개, 예수 그리스도의 십자가 보혈, 천국, 우리 교회 등)

16) 새신자는 교회 중심, 삼위 하나님 중심, 말씀(복음), 은혜 중심으로 신앙생활을 하게 한다.

　　"성공적인 전도는 오직 성령의 능력 안에서 그리스도만을 전하고 결과는 하나님께 맡기는 것"(CCC 창설자 빌 브라잇 박사)

03 노방 전도의 실제

1) 전도자는 적응성이 풍부하여야 한다.

　　고전 9:22 "여러 사람에게 내가 여러 모양이 된 것은 아무쪼록 몇 몇 사람들을 구 원코자함이니"

2) 상대방이 전도자를 신뢰할 때 마음의 문을 열게 된다.

   마 5:16 "이같이 너희 빛을 사람 앞에 비치게 하여 그들로 너희 착한 행실을 보고 하늘에 계신 너희 아버지께 영광을 돌리게 하라"

3) 상대방에게서 칭찬할 것을 찾는다. 칭찬을 통해 상대방의 마음을 여는 일을 한다.

4) 상대방의 필요(need)가 무엇인지 알아야 한다 **요 4:7**.

5) 친절하고 명랑한 미소를 지어야 한다.

6) 조급한 마음을 먹고 성급하게 교회에 나오게 하여서는 안된다. 성령의 인도하심을 받아 예수 그리스도만 전하고 결과는 하나님께 맡긴다.

7) 할 수 있으면 상대방과 대화할 수 있는 시간을 마련하여야 한다. (전화 번호, 동성간에 집으로 초대, 차 한잔 나누기, 식사 대접하기)

8) 시간이 되면 자신이 믿기 전과 예수 믿고 나서 변화된 모습을 간증한다.

9) 전도하러 다니면서도 성령의 인도에 민감함을 받아 기도하는 마음으로 다니라.

10) 전도는 부담이 아니라 하나님의 축복이다. 어렵다는 생각을 버리고 즐거운 마음, 자원하는 마음으로 한다. 기쁘고 즐거운 마음으로 한다.

11) 경쾌하고 활기찬 걸음으로 움직인다.

12) 둘씩 짝지어 다녀서 동역을 이루라.

13) 입에서 냄새가 나지 않도록 정결케 하라.

14) 단정한 옷차림은 전도에 도움을 준다.

15) 작은 성경을 휴대하는 것이 바람직하다.

16) 상대방에 대한 사랑과 관심을 나타낸다.
출신 학교등 개인적인 것을 처음부터 묻지 않는다. 부담이 없는 자연스런 질문을 한다. "인상이 좋습니다" "오신지 얼마나 되셨는지요?"하고 자신에 대해서도 간단히 소개한다.

17) 처음에 만났을 때, 첫 마디와 첫인상이 중요하다. 진심으로, 사랑하는 마음으로 존경하는 마음으로 칭찬한다.
   - 수고하십니다(일 하는 곳에서)
   - 멀리 가시나 보죠(버스 정류소, subway 등)
   - 일을 보셨습니까?(식당, 컨비니언스 등)
   - 누가 편찮으신가 보죠?(병원 등)
   - 형편에 따라 안녕하세요, 어려운 일은 없으신가, 하시는 일은 잘 되는가. 공부는 잘 되는가, 건강하신가 등을 묻는다.
   - 반응을 살핀 후에 남자답게 생겼다. 옷이나 머리가 잘 어울린다(과잉 칭찬은 금물).

- 저는 ○○교회 교인입니다. 저는 ○○교회에서 나왔습니다고 간단히 소개한다.
- 때로는 전도하러 나온 인상을 주지 않고 자연스럽게 만난 것처럼 대한다.
- 할 수 있으면 상대방과 대화할 수 있는 시간을 마련하여야 한다. 식사나 차 나누기
- 전화 번호나 이메일 주소를 적는다.
- 시간적인 여유가 생기면 자신이 믿기 전과 예수 믿고 나서 변화된 모습을 5분 정도 간단하게 간증한다.
- 전도 폭발이나 그 외 교회 전도지등을 사용한다.
- 상대방 마음의 변화를 잘 감찰하여 교회의 비전과 목사에 대한 소개를 한다.
- 다른 교회 다닌다고 하면 "반갑습니다"라고 한다.
- 성령의 인도하심을 받아 적응력(접촉점)이 풍부하여야 한다. 상대방의 나이와 신분 등에 따른 맞춤 전도(문화적 접근)가 필요하다 고전 9:19.

    노인에게는 어머니, 아버지라고 부르며 자녀들의 가문이 번창하여야 한다고 한다. 노인분들에게 예의 바르고 공손하여야 하며 동성끼리는 스킨쉽도 괜찮다.
- 자신과 물질을 희생하는 것을 즐거움으로 여긴다.

- 자신의 집을 개방하여 초대한다. 초대 교회는 가정에서 모이는 가정 교회였다.
- 전도한 사람을 24시간 내에 다시 전화한다.

> ✪ 교회 적용을 위한 질문
>
> 1. 노방 전도의 장점은 무엇인가?
> 2. 노방 전도 시 가장 중요한 첫 마디는 무엇인가?
> 3. 노방 전도 시 주의할 점은 무엇인가?
> 4. 노방 전도를 통해 얻은 은혜를 나누어 보라.
> 5. 동행 전도(영적 순례 전도)는 무엇인가? 눅 24장
> 6. 환대 전도는 무엇인가?

26

인터넷 선교

오늘 이 시대는 놀랍게 변화하고 있다. 하루가 다르게 변하고 있다. 너무 빠르게 변해 그 속도를 따라갈 수 없을 정도이다. 인터넷과 스마트 폰등의 급속한 발전은 상상을 초월할 정도이다. 현대인들은 인터넷을 통해 업무와 일상 생활의 모든 일이 이루어지고 있다고 해도 과언이 아니다.

인터넷은 눈에 보이지 않는 살아 있는 공간이다. 가상공간에서 수많은 비즈니스와 거래가 창출되는 현대인의 생활공간이요 문화 공간이다. 인터넷은 인간의 삶에 직간접으로 영향을 끼친다. 사상을 나르고 지식과 감정과 감각까지 실어 나르는 막강한 문화적 도구로 부상하고 있다. 다시 말하면 인터넷은 "메탈(metal)적인 도구이면서도 멘탈(mental)적인 요소를 지닌 문화 매체"라고 할 수 있다. 인터넷은 쌍방향의 지식 전달 매체이다.

인터넷은 사역의 장(field)이다. 목회는 기본적으로 사람을 찾아가는 것 그것도 사람들이 모인 곳을 찾아가는 것이다. 영혼들이 모인 곳이 웹 공간이라면 그곳으로 가야하고 그들이 알아듣는 용어로 복음을 나눌 수 있어야 한다.

최근의 정보 매체를 통한 지식의 공급은 지식의 발달과 전달에 엄청난 변화를 가지고 왔다. 국내외 정보뿐 아니라 인터넷을 통하여 외국의 다양한 정보도 쉽게 얻을 수 있게 되었다. 그러나 이러한 지식의 공급은 또 다른 역기능을 가져오며 사회에 심각한 문제를 일으키기도 한다.

인터넷의 SNS(Social Networking Services)들이 정말 많다. 이러한 SNS 회사들의 숫자만이 많은 것이 아니라 이용하는 이용자/사용자들의 숫자는 엄청나다.

엄호섭 장로(모유 전도법의 저자)는 "예수님께서 21세기 국경을 초월한 정보 산업 사회에 오셔서 복음을 전하신다면 여러 통신 매체(컴퓨터, 인터넷, 이동 전화 등)를 사용하실 것이다"라고 하였다. 정보 산업 사회에 사람들이 가장 많이 모이는 곳은 학교도 아니고 시장도 아니며 백화점도 아니다. 꿈의 활동 무대인 가상공간(cyber space)이다 라고 하였다.

이정석 교수는 인터넷의 영성적 순기능은 "인간관계를 보다 원활하고 긴밀하도록 도와준다. 그 대표적인 용도가 E-메일이다. E-메일은 전 세계 어디나 즉시 무료로 전달된다. E-메일은 음성이나, 음악, 심지어 동영상도 포함할 수 있어서 인격적 교제를 증진시킨다. 인터넷은 많은 정보를 손쉽게 얻을 수 있도록 도와준다. 인터넷은 선교와 전도,

그리고 목회를 도와준다. 축호 전도나 노방 전도가 어려워진 상황에서 인터넷 전도는 안방에 진입하는 새로운 가능성을 열어 준다. 인터넷은 신앙 성장의 다양한 방면을 교류하도록 도와준다"고 하였다.

또한 인터넷의 영성적 역기능은 도덕적 타락을 조장한다. 인터넷은 어떤 경찰도 질서를 유지하지 못하는 범죄의 온상으로서, 유혹의 마수가 여기 저기 깔려 있는 위험한 세계이다. 인터넷은 우리의 정신세계를 불필요한 정보로 가득 채운다. 인터넷은 우리의 내면세계를 황폐화한다. 습관적으로 몇 시간씩 즐기는 사람은 점차 중독에 빠진다. 인터넷은 인격적 관계 능력을 악화시킨다. 미디어는 현실과 우리 사이를 차단하고 그 속에서 안주하도록 한다. 인터넷은 교회관에 혼란을 야기한다. 이미 사이버 교회가 출현하였으며 이러한 인터넷 교회가 21세기에 번창하리라는 전망도 있다. 네트워크란 통신망, 그물망을 의미하는 정보산업의 용어이다. 네트워크 사역이란 하나님이 성도들에게 허락하신 은사들이 모두 그물망처럼 서료 연결되어서 평신도의 잠재력을 극대화시키게 하는 사역의 대전환이자 가히 21세기 목회 사역을 통째로 짊어지고 나갈 견인차로 여겨진다.

이런 의미에서 인터넷 선교는 청소년, 청년, 그리고 어른들까지도 가상공간에서 만나는 주요한 매개체 역할을 한다. SNS에서의 Facebook, Twitter 등을 통해 자신들이 만들어 놓은 개인 홈 페이지를 찾아 대화 등을 통해 전도 하는 것도 바람직하다.

통계에 따르면 도시에 새로 이주한 젊은 세대들은 인터넷 서핑을 통해 자신들이 다닐 교회를 찾게 된다. 인터넷상에 교회 웹 사이트가 없으면 교회의 존재를 많은 사람들이 모르게 된다. 잠재적 교인들은 교회 예배에 출석하기 전, 웹 사이트를 먼저 방문한다. 따라서 온라인 설교나 예배 장면을 담은 사진들을 잘 사용하여야 한다. 가까운 미래에 인터넷을 통한 영적 부흥이 전개될 수 있다. 교회 웹 사이트 운영을 아마추어인 자원 봉사자에게 전담시키는 것은 위험하다. 품질 불량의 웹 사이트를 제공할 수 없다. 사람들은 현재 교회 웹 사이트를 들여다보고 있다는 사실은 잊지 말아야 한다.

이와 같이 인터넷을 통한 전도와 선교는 피할 수 없는 시대의 흐름이다. 또한 각 교회마다 나름대로 인터넷을 통한 전도를 하고 있지만 홈페이지 등을 제대로 관리하지 못하는 교회도 많이 있다. 인터넷은 인류를 향한 하나님의 사랑 고백이자. 영혼 구원 사역의 중요한 진입로이다. 교회는 정보기관의 기능을 갖고 있다. 복음이라는 정보를 신속 정확하게 되도록 많은 사람들에게 전해야 하는 소명을 갖고 있다. 이 소명을 감당하기에 인터넷보다 더 중요한 도구는 없다. 인터넷은 사역의 장(field)이다. 목회는 기본적으로 사람을 찾아가는 것 그것도 사람들이 모인 곳을 찾아가는 것이다. 영혼들이 모인 곳이 웹 공간이라면 그곳으로 가야하고 그들이 알아듣는 용어로 복음을 설명할 수 있어야 한다. 이제 인터넷을 통하여 사람들을 만나고 상담하며 복음이 전하여져야 한다. 하나님 말씀을 중심으로 하여 예수 그리스도의 생명의 복음을 전함으로 영혼을 구원하고 치유하는 일을 할 뿐 아니라 부패된 인터넷 세계에 소금과 빛의 역할을 하여야 한다.

27

태신자를 위한 기도와 전도

"그리스도 안에 일만 스승이 있으되 아비는 많지 아니하니 그리스도 예수 안에서 복음으로써 내가 너희를 낳았음이라" 고전 4:15

태신자란 믿음과 기도로 잉태한 전도 대상자를 말한다. 모든 전도의 기초는 전도 대상자(태신자) 명부이다. 믿을 가망이 있는 태신자의 명부는 기성 신자의 교적부만큼이나 중요하다. 태신자 전도운동이란 전도의 대상을 마음속에 품어놓고 기도하자는 내용이다. 마치 어머니가 한 생명을 가지면 10달 동안 아기를 뱃속에서 잘 간직 했다가 10달 후 출산을 하며 이 생명을 잘 양육하고 성장시켜 모든 일을 자기 스스로 할 수 있게 하듯이 하나님의 자녀들이 예수님을 모르는 사람들을 영적 자녀로 자신의 마음에 삼으며(태신자 작정)기도와 사랑의 수고(접근)를 통하여 출산(교회에 등록)을 하며, 잘 양육하여 일꾼이 되게 하는 운동이다. 또한 바울 사도는 유모가 자기 자녀를 기름과 같이 하였다고 하였다 살전 2:7-8.

01 태신자 전도 운동의 의의

1) 죽어 있는 영혼을 살리기 위한 영적인 아버지와 어머니가 되어 영적 출산을 해내기 위한 과정이다.
2) 전 교인이 부담 없이 참여할 수 있는 운동이다.
3) 전 교인에게 영혼 사랑하는 마음으로 하나가 되게 하는 영적 생명 탄생 운동, 생명사랑 운동이다.
4) 교회로 인도하기 전 영적으로 양육이 시작이 되어 정착률이 높다.
5) 개척 교회로부터 중, 대형 교회에 이르기 까지 모두 적용이 가능하다. 교회의 모든 부서에서 할 수 있는 운동이다(유초등부, 중고, 청년부, 장년부).
6) 종합적인 전도 운동의 하나이다.

> ✪ 작정-기도-만남-섬김-사랑-복음 제시-교회 초청-교회 공동체 일원-말씀 양육-교회 일꾼-파송-재생산

02 태신자 전도 운동 방법

1) 마음 - 시대적 하나님의 요청에 대한 민감한 반응, 영혼을 향한 사랑하는 심령, 이 기회는 하나님의 축복과 능력이 임하는 기회
2) 기도 - 성령능력의 역사, 하나님에 대한 확실한 믿음
3) 계획 - 나의 태신자에 대한 정확한 정보(이름, 성별, 나이, 주소, 전화번호, 작정자와의 관계 등)

03 태신자 정하는 요령

태신자를 위해 모든 성도는 소형 수첩을 준비한다.

1) 연고자(내성적, 능동적 성격 파악) - 노트에 기록
2) 이전에 믿었던 자인지 불신자인지를 확인
3) 주소등 신상기록(결혼 유무, 각종 기념일, 생년월일 등)
4) 찾아가라(자주연락, 심방, 사업상태 관심, 이혼, 가족 죽음, 자녀 진학)
5) 구역을 중심으로 계속 관리한다.

04 태신자 출산은 어떻게 해야 하는가? 살전 2:7-12

1) 태신자를 작정한 산모는 어떻게 해야 하는가?

임신한 산모는 새 생명이 태속에서 건강하게 자라기를 기대하며, 출산할 기간이 다가오면 순산하기를 바란다. 이를 위하여 산모는 임신과 동시에 정신적, 육체적으로 평안함을 가져야 하는데 전반기는 태아를 위하여 후반기는 산모를 위하여 영양공급을 해야 한다. 그리고 태아를 위하여 교육을 아끼지 않는다. 태신자를 작정한 영적산모는 신앙생활에 영적 안정감을 가져야 한다. 신앙생활이 불규칙하거나 문제가 발생하면 태신자를 잃어버리게 된다. - 이를 예방하기 위하여

① 기도 생활을 한다.

② 말씀 생활을 한다.

2) 태신자에게 영향공급을 해야 한다(접근).

영적산모와 태신자와의 영양공급이 끊어지면 태신자를 잃어버리게 된다.

① 태신자를 위하여 중보 기도한다.

② 태신자를 사랑하는 마음의 표현이 있어야 한다.

③ 만남을 통하여 관심을 표현한다.

3) 태신자에게 태아교육을 시켜야 한다.

영적 산모와 태신자가 만남으로 대화가 없다면(무관심 한다면) 태신자를 잃어버리게 된다.

(1) 일반적인 만남을 가져야 한다. - 복음으로 접근하기 위한 단계

(2) 태신자에게 부담이 없는 범위 안에서 주보, 교회소식지, 기독교 서적등을 선물한다.

(3) 태신자를 위하여 중보기도를 한다. - 정기적, 계속적인 기도

4) 복음을 전하기 위한 만남을 가진다.

① 개인적인 간증 - 내가 예수를 믿게 된 사건과 그 이후의 복된 삶

② 교회를 소개

③ 복음을 제시

④ 결신을 시킨다.

05 등록한 태신자(태신자가 교회를 출석하면)를 어떻게 해야 하는가?

1) 기도로 계속 돌보아야 한다.

우리는 태신자들의 회심과 교회의 등록을 위하여 기도와 사랑의 수고를 해왔다. 태신자가 교회에 출석하는 것으로 우리의 책임을 다하는 것은 아니다. 영적산모는 등록한 태신자들을 위하여 더 중보기도를 해주어야 할 책임이 있다.

> ❂ 태신자를 위한 기도수칙
>
> 1) 새벽마다 이름을 불러 기도한다.
> 2) 식사기도 때와 잠자리에 들기 전에 이름을 불러 기도한다.
> 3) 구역예배 때마다 회원들 태신자 명단을 내놓고 합심하여 기도한다.
> 4) 태신자가 등록하여 교회에 출석한 후에도 그가 세례를 받을 때까지 이름을 불러 기도하다.

2) 계속적인 교제가 필요하다.

방금 출생한 영적 새 생명들에게는 진정한 영적 산모와 신앙의 교제가 필요하다. 우리 모두가 믿음이 어리거나 오래거나를 막론하고 믿는 친구야말로 하나님이 주신 최대의 축복이다. 성경에서는 베드로와 요한, 바나바와 사울, 아굴라와 브리스길라 등의 사역자들도 교제해야 할 영적 친구들이 필요로 했던 흔적을 볼 수 있다.

3) 신앙의 모델이 필요하다.

우리의 삶과 신앙의 모범은 우리가 접촉하는 모든 그리스도인들에게 영향을 끼치지만 어린 성도들에게는 더욱 그렇다.

4) 구역식구 들에게 소개하여 구역활동(소그룹, 목장)을 할 수 있게 한다.

5) 교회에서 실시하는 성경공부 모임에 출석시켜 양육 받도록 한다.

6) 각 선교회에 등록하여 활동하게 한다.

06 태신자 전도 십계명

1) 하나님의 사랑과 은혜에 감사 감격하며 은혜에 보답하는 마음을 갖는다.

2) 가장 가까운 사람부터 시작하라.

3) 주변 사람들을 기록하고 관리하라.

4) 가장 전도하기 쉬운 사람부터 선정하라.

5) 삶의 문제가 있는 사람에게 주목하라.

6) 이사 온 사람을 주목하라(교회 안에서는 새 신자).

7) 친척 중에 다 믿는 사람들 중에 안 믿는 사람을 선택하라.

8) 장례를 당한 사람을 주목하라.

9) 가족 중 질병이 있는 사람을 주목하라.

10) 당신에게 호감이 있는 사람을 주목하라.

✪ 적용과 실천을 위하여

1) 자신이 전도할 태신자 명단을 적어보라.

2) 태신자의 인적 사항 등에 대하여 기록해 보라.

3) 태신자에게 접근할 때 주의할 점은 무엇인가?

4) 태신자의 마음을 감동시킬 수 있는 제안과 선물은 무엇인가?

5) 태신자가 교회에 나오기 어려워하는 문제를 서로 나누어 보라.

6) 태신자가 감동받고 마음을 움직였던 것에 대하여 서로 나누어 보라.

28

새 신자 정착 및 제자 양육

"그러므로 너희는 가서 모든 족속으로 제자를 삼아 아버지와 아들과 성령의 이름으로 세례를 베풀고 내가 너희에게 분부한 모든 것을 가르쳐 지키게 하라 볼지어다 내가 세상 끝날까지 너희와 항상 함께 있으리라 하시니라" 마 28:19, 20

예수님은 포도나무이시며 우리는 가지이다. 그 안에 우리가 거하고 우리가 그 안에 거하게 되면 열매를 많이 맺게 된다 요 15:5. 예수 생명의 역사는 나를 약동하게 하여 내 안에 풍성함이 넘쳐흐르게 되면 열매를 많이 맺게 되고 하나님께 영광을 돌리게 되고 우리는 참된 예수님의 제자가 된다. 예수님의 지상 명령은 "모든 족속으로 제자를 삼으라"고 말씀하셨다 마 28:19. 여기에 나온 이 말씀은 제자들이 세상에 나가 그리스도의 제자가 될 사람을 만들라는 말씀이다. 이 명령은 제자 만들기 위하여 세상에 가야하고 가르쳐서 제자 만들고 아버지와 아들과 성령의 이름으로 세례를 주어 제자 삼아야 한다. 즉 1. 가는 일, 2. 가르치는 일, 3. 세례주어서 예수님의 제자를 만드는 것이 목적이다. 교회의 사명은 전도와 선교를 통해 성숙한 그리스도의 제자로 키워내야 한다. 많은 교회들이 등록 교인의 숫자를 말한다. 그러나 숫자가 성공을 말하는 개념이 아니다. 주님을 위하여 죽고 주를 위하여 사는 제자를 만들어야 한다. 예수 생명의 복음과 그의 말씀을 통해 예수 그리스도를 닮아 가는 제자를 만드는 것이 전도의 완성이다.

예수님은 "저희 말을 인하여" 다른 사람들이 주님을 믿게 되고 요 17:20, 그 사람들은 다시 그 말씀을 다른 사람들에게 전하여 마침내 온 세상이 주님이 누구시며 무엇을 하러 오셨는가를 알게 되기까지 이르기를 바라셨다 요 17:21-23.

예수님의 전체적인 전도 전략은 선택한 제자들의 과업의 충실성에 달려 있었다. 그들이 열매를 맺고 또 자기 제자들에게 재생산을 하도록 가르치는 한, 얼마나 적은 수로 시작했느냐는 문제가 되지 않았다. 주님의 교회는 이런 방법으로 승리하게 되어 있었다.

예수님은 제자들에게 열매를 바라셨다. 이를 위해 예수님은 제자들의 마음속에, 그리스도의 생명을 재생산하는 데에는 주님의 생명이 저들 안에 있어야 함을 강조하셨다. 교회에 정착한 새 신자가 정상적으로 자라날 때 까지 말씀과 기도를 통해 믿음이 자라도록 양육하는 영적인 부모와 스승의 역할을 담당하여야 한다. 될 수 있으면 전도한 자가 가르치고 양육하면 더 바람직하다고 하다. 일반적으로 교회 안에 새 신자들이 매년 들어오지만 찾아온 새 신자가 제대로 정착되지 못한 현실이다. 새 가족만 잘 정착하여도 매년 성도의 수가 배가 된다는 말도 있다. 성장되어지는 교회를 보면 "앞문을 크게 열고, 옆문을 많이 만들고, 뒷문은 꽉 막으라"고 한다. 앞문은 불신자들을 환영하는 예배요, 옆문은 불신자들을 접촉하는 소그룹이요, 뒷문은 새 가족을 정착시키는 관심과 사랑, 조직 등이라고 할 수 있다. 우리는 앞문에서 전도도 열심히 해야 하지만 뒷문을 철저히 막아서 새 가족을 정착시켜야 한다(교회 부흥 = 전도 + 새 가족 정착).

　새 신자(새 교우)나 새 가족(혹은 수평이동 교인)이 교회로 들어오긴 하는데, 많은 경우 제대로 정착하지 못하거나, 양육과 관리가 잘 되지 않아 곧 교회를 떠나게 되거나 장기 결석을 하는 경우를 보게 된다. 이와 같이 교회에 들어온 새 신자들의 누수현상은 모든 교회가 안고 있는 문제 중의 하나이다. 한국이나 미국 교회의 새 신자 정착률이 5-17%에 머물고 있다는 통계는, 어렵게 전도 받아 교회를 찾은 새신자의 80% 이상이 교회에 머물지 못하고 떠나고 있는 것을 말해 준다.

　새 신자를 교회의 멤버로서 정착시키고, 교회의 구성원으로서 소속감을 가지게 하고 그리고 지속적으로 양육하여 하나님 나라를 확장하고,

복음을 전파하는 그리스도의 제자로서의 삶을 살게 하는 것은 개 교회 성장과 부흥에 있어서 중요한 요소가 된다. 결국, 새 신자를 장성한 성도에 이르기까지 돕는 것이 우리의 영적 봉사와 섬김이요 영적 사역이므로, 새 신자들에게 영적인 부모와 같은 역할을 감당해 주어야 하며, 가정과 같은 사랑과 안식을 누릴 수 있도록 그들과 함께 시간을 보내며 그들에 대한 관심을 가지고 지속적으로 섬기는 믿음이 있어야 한다.

01 새 가족 담당 리더가 할 일

1) 양육한 경험이 있는 자가 좋다.
   (아이를 낳아보고 길러본 경험)

2) 온유하고 친절하며 인간관계가 원만해야 한다 딛 3:2.
   (상대방에게 호감을 주는 자)

3) 남을 섬기려는 헌신의 자세와 열정이 있어야 한다 엡 6:7.
   (원만한 인격의 소유자, 각종 계층의 사람을 대할 수 있는 자)

4) 성경 말씀을 바르게 가르칠 수 있어야 한다 딤전 4:6.

5) 새 가족을 정기적으로 심방하며 신앙 상태를 점검한다.

6) 새 가족의 신앙과 가족을 위해 늘 기도해 준다.

7) 새 가족이 소그룹에 참여하여 친구를 사귈 수 있도록 이끌어 준다.

8) 새 가족에게 예배의 중요성, 기도, 봉사, 전도 등을 가르쳐 주어 교회 생활에 익숙하도록 도와준다.

02 새 가족에 대한 성경 가르침의 원리

1) 구원의 확신을 반복하여 가르친다.

2) 교회의 중요성을 가르친다.

3) 은사를 발견하게 하여 교회 생활에 활용하게 한다.

4) 말씀 교육을 통해 인격의 열매를 맺게 한다.

5) 영적 재생산을 하게 한다.

6) 목회자를 순종하게 한다.

03 새 가족이 매력을 느끼는 교회 유형

1) 편안함이 느껴지는 교회

2) 지역 사회에 열린 교회

3) 방문자들을 참으로 감동시키는 교회

4) 교회 본연의 목적을 발견하는 교회(성경 중심, 복음 중심의 교회)

04 새 가족 정착의 실패 요인

1) 가장 큰 문제는 교인들과 교회의 무관심이다.

2) 새 가족의 입장에서 볼 때 기존의 예배와 설교가 어렵기 때문이다.

3) 새 가족 정착을 위한 교인들의 헌신이 없기 때문이다.

4) 새 가족에게 친구가 없기 때문이다.

5) 막연한 전도만 하고 양육을 제대로 하지 않기 때문이다.

> ✪ 릭워렌(불신자들이 교회 다니지 않는 이유)
> 가. 자신의 삶과 관련이 없는 설교 때문에
> 나. 교회 성도들이 친절하지 않아서
> 다. 사람보다 돈에 더 관심을 갖는 것 같아서
> 라. 자녀들을 위한 시설이나 프로그램이 없는 것 같아서

6) 새 신자에 대한 이해가 부족하기 때문이다.

   가. 기독교 복음에 대하여 모른다.

   나. 내세보다 현실에 관심을 갖고 있다.

   다. 죄책이나 책망을 싫어한다.

   라. 교회에 대하여 긍정적이지 못하다.

   마. 의심이 많아서 쉽게 마음을 열지 못한다.

바. 소외감, 외로움을 갖고 있다.

사. 자녀 교육 및 2세에 관심이 많다.

아. 비즈니스나 정착에 관심이 많다.

05 새 가족을 위한 양육 교재 및 커리큘럼

1) 5가지 확신 시리즈(네비게이터)

2) 주기도문, 사도신경, 십계명

3) 웨스트민스터 신앙 고백서 및 대소요리 문답(개혁주의 신학과 신앙 지도)

4) 그리스도인의 생활 지침(8가지) (네비게이터)

5) 다락방 성경 공부 교재(사랑의 교회, 두란노) 성경 권별로

6) 일대일 양육 교재(두란노)

7) 풍성한 삶의 시작(CCC) 새 가족을 위한 성경 공부

8) 기타

✪ 새 가족 등록 → 예배 시 환영 → 담임목사가 새 가족 접견 및 교회 소개 → 등록 심방 → 구역 및 기관 편성 → 평신도 바나바의 7주간 일대일 양육 → 담임목사의 5주간 새 가족 신앙교육 → 새 가족 기초 교리교육 → 세례문답 → 성경대학 → 구역장 훈련 및 전도 훈련, 양육자 훈련

✪ 커리큘럼의 예

골 1:28-29 "우리가 그를 전파하여 각 사람을 권하고 모든 지혜로 각 사람을 가르침은 각 사람을 그리스도 안에서 완전한 자로 세우려 함이니 이를 위하여 나도 내 속에서 능력으로 역사하시는 이의 역사를 따라 힘을 다하여 수고하노라"

갈 4:19 "나의 자녀들아 너희 속에 그리스도의 형상이 이루기까지 다시 너희를 위하여 해산하는 수고를 하노니"

1) 새 가족이 우리 교회에 참석하여 예배드리고 난 후 어떤 면에 칭찬할 것이 있다고 생각하는가?

2) 새 가족에 대한 나의 태도는 어떠한가? 바꾸어야 할 말씨, 표정, 태도는 없는가?

3) 새 가족이 우리 교회에 나오는데 어떤 편견이나 장애물은 없는가?

4) 새 가족에게 매력을 주는 초대 교회는 어떠하였는가? 행 2:42-47

5) 새 가족에 대한 안내 및 리더는 준비되어 있으며 어떻게 양육을 시키고 있는가?

6) 새 가족을 정착시키는데 어려운 점들과 보람된 점들을 함께 나누어 보라.

7) 새 가족을 정착 시킨 실패 사례와 성공 사례를 서로 나누어 보라.

8) 새 가족을 심방갈 때 유의할 점들에 대해 나누어 보라.

결론

생명 사역의 열매

하나님이 원하시는 생명 사역의 원리는 예수님 안에 있다. 예수님을 떠나서는 아무 것도 할 수 없다. 예수님은 포도나무이시며 우리는 가지로서 법적으로 연합되었을 뿐 아니라 실제적으로 계속 연합의 관계를 이루어야만 한다. 예수님으로부터 모든 자양분, 수분이 공급되어야 한다. 가지가 스스로 열매 맺는 것이 아니고 가지는 붙어 있기만 하면 나무로부터 영양을 받아 열매가 저절로 맺히게 된다. 그 안에 우리가 거하고 우리가 그 안에 거하게 되면 열매를 많이 맺게 된다 요 15:5. 계속 붙어 있으면 예수 생명의 역사는 나를 약동하게 하여 내 안에 풍성함이 넘쳐흐르게 되어 열매를 많이 맺게 되고 하나님께 영광을 돌리게 되고 우리는 참된 예수님의 제자가 된다.

예수님과 복음 운동 즉 하나님 나라 확장은 우리 힘으로 할 수 없다. 전적으로 하나님이 은혜를 주셔야 한다. 영혼을 구원하는 것도 인간적인 방법이나 기술로 이루어질 수 없다. 생명을 살리는 것은 전적으로 하나님의 주권에 달려 있다. 하나님은 그의 택한 백성을 구원하시기 위하여 성자 예수님을 보내셨다. 하나님께서 그의 백성을 예정하시고 엡1:4 작정된 사람들은 믿게 되어 있다 행 13:48. 예수님께서도 "나를 보내신 아버지께서 이끌지 아니하시면 아무도 내게 올 수 없으니 오는 그를 내가 마지막 날에 다시 살리리라"고 말씀하셨다 요 6:44, 65. 예수 그리스도는 십자가에서 죽으시고 부활하심으로 율법의 요구를 완전히 순종하셨을 뿐 아니라 십자가에서 우리가 받은 죄 값과 형벌을 친히 담당하심으로 100% 구속을 완성하셨다. 성령님은 예수님을 믿을 수 있도록 사람의 마음을 움직이게 하신다 고전 12:3. 그러므로 인간이 구원받는 것은 오직 삼위 하나님의 은혜로만 가능하다. 구원은 하나님이 하시지만 인간의 책임이 있다. 하나님은 전도의 미련한 것을 통하여 믿는 자들을 구원하시기를 기뻐하신다 고전 1:21. 전도자에게 하나님은 합당한 자를 만나게 해주신다. 예수 그리스도의 지상 명령을 순종하려고 기도하는 자에게 반드시 전도의 문을 열어주신다 골 4:2. 기도에 전력을 다하여야 한다. 한 영혼을 불쌍히 여기는 마음, 한 영혼을 위한 안타까운 부르짖음이 있어야 한다.

말씀을 묵상하며 감격의 눈물, 안타까움의 눈물, 가슴 속에 뜨거운 불길이 타오르는 것을 느껴야 한다. 이것이 성령이 주시는 열정, 성령이 유발시키는 큰 확신임을 믿는다. 본문을 묵상하면서 본문이 나에게 명령하는 것으로 믿고 먼저 순종하려고 노력을 해야 한다. 이런 과정을 통해서 말씀과 함께 역사하시는 성령의 역사를 체험하게 된다.

눅 7:47 죄 많은 여인이 예수님께 나와 향유를 붓고 눈물을 흘리며 예수님의 말을 씻기신 것처럼 많이 사함 받은 자가 많이 사랑한다. 죄 사함 받은 감격이 클수록 빚으로 남게 되며 많은 사람을 사랑하며 많은 영혼을 구원할 수 있다.

예수님의 복음에 대한 확실한 체험이 있어야 한다. 예수님과 함께 죽고 예수님과 함께 산 복음의 체험이 넘쳐야 한다. 바울 사도는 엡 2:5에 그리스도와 함께 살리셨고 함께 일으키사 그리스도 예수 안에서 함께 하늘에 앉히셨다고 말씀하셨다. 사도 바울은 다메섹에서 부활하신 예수님을 만난 후 오직 예수로 죽고 예수로 사는 삶 이었다(행 9장 22장, 26장 롬 1장, 고전 15장 등). 그리스도를 아는 지식에 가장 고상하였으며 십자가에 정과 욕심을 못 박고 날마다 자기를 쳐서 복종하며 날마다 죽는 생활이었다 고전 9:27, 고전 15:31. 사나 죽으나 오직 그리스도가 존귀해 지는 것이었으며 먹든지 마시던지 하나님 영광을 위하여 산 것이다.

대부분의 신자들은 십자가를 지식으로, 이성으로만 아는 경우가 많이 있다. 십자가는 생명이며 하나님의 지혜, 의인으로 칭함을 받는 하나님의 비밀, 천국의 비밀이 있다. 십자가는 믿는 자들에게 구원을 주시는 하나님의 능력이다. 십자가에 대한 감격, 나 같은 죄인을 구속하여 의롭게 하여 주신 감격, 구속의 은총에 감격하여야 전도가 쉬어지게 되고 자원해서 기쁜 마음으로 순종하게 된다.

요 14:16-27, 15:26,27, 16:7-16 신자는 그리스도 안에서 계속 제 삼위이신 보혜사 성령(도와주시기 위해 곁에 계시는 분, 위로자, 상담자, 대언자)의 충만함을 받아야 한다. 성령님은 신자 안에 내주하실 뿐 아니라 영원토록 함께 하신다.

성령님은 예수 그리스도의 구속의 사건을 믿어지게 하며 예수 그리스도의 천상 통치를 지상에서 실제화 하는 대리인이시다. 주 예수 그리스도에 의하여 주어진 성령의 능력을 통해 사도들과 제자들은 치유의 기적들을 행하셨다. 예수 그리스도를 통한 치유 사역은 하나님의 나라가 도래하였으며 실제로 이루어진 것을 가르쳐준다. 성령님은 예수 그리스도의 재림 때까지 지상에서 그를 대신하여 주권을 행사하신다. 땅에서 일어나는 성령의 모든 역사는 하나님 보좌 우편에 앉으신 예수님의 역사이다. 오순절 날에 임하였던 성령은 그리스도를 대신하여 교회의 감독과 총 관리자로 역사하신다. 전도와 선교의 총사령관은 성령님이시다.

성령님은 그리스도의 말씀을 생각나게 하고 그리스도와 연합하게 하여 권능(듀나미스)을 주어 그리스도의 증인으로서의 삶을 살 수 있도록 도와주신다. 하나님 나라 시민권을 가진 축복이 얼마나 큰 것인가를 알아야 한다 빌 3:20. 천국은 밭에 감추어 놓은 보화를 발견하여 자기 소유를 다 팔고 그 밭을 사는 것과 같다 마 13장. 예수님이 가지고 오신 하나님 나라에 초대하는 일은 이 세상에서 가장 영광스럽고 가치 있는 일이다.

전도의 승패는 기도에 달려 있다. 기도하면 전도의 문이 열린다. 사도 바울도 기도처를 찾다가 루디아라는 여인을 만나 전도하여 세례를 받게 하였으며 기도하러 가다가 점치는 귀신들린 여인을 온전케 하셨다 행 16:13, 16. 기도할 때 전도 기도를 하여야 한다. 생명을 품고 기도하여야 전도의 문이 열린다 골 4:2. 기도 성공은 전도 성공이다. 기도 없이 생명을 구원하는 일은 불가능하다. 생명을 사랑하는 기도 영혼을 달라고 하는 기도가 중요하다. 기도하면 전도의 문이 열린다. 기도 없이 복음을 전할 수 없다. 기도를 통해 예수 생명, 예수 구원, 예수 천국의 기쁨을 먼저 누려야 한다.

성경은 이론의 책이 아니다. 하나님을 체험한 사람들의 책이다. 구원받은 사람들이 현장에서 경험한 책이다. 생명 사역은 현장에서 이루어진다. 설교를 하거나 전도를 위한 말씀 선포든지 성령의 도우심으로 큰 확신과 능력으로 전하여야 한다. 현장을 많이 찾아다닐 때 더 많은 전도 대상자를 만나게 된다. 한번 나가면 한번 밖에 없다. 자주 나갈수록 전도 대상자를 만날 확률이 높다. 울며 씨를 뿌리러 나가는 자는 반드시 기쁨으로 단을 거두게 된다 시 126편. 심방과 현장 중심한 전도를 실시할 때 반드시 하나님께서 합당한 자를 준비해 주신다 마 10:11.

위대한 전도자이신 예수님은 전도에 대한 모범을 보여 주셨다.

눅 4:43-44 "예수께서 이르시되 내가 다른 동네들에서도 하나님 나라 복음을 전하여야 하리니 나는 이 일을 위해 보내심을 받았노라 하시고 갈릴리 여러 회당에서 전도하시더라"

예수님은 세리장인 삭개오, 수가성의 여인에게 찾아 가신 것처럼 선한 목자로서 길 잃은 양을 찾으시는데 전력을 다하셨다. 전적으로 타락된 세상 사람들은 예수님께 제 발로 나아오기가 쉽지 않다. 예수님은 죄인들을 무시하거나 정죄하지 않으시며 존중과 사랑으로 대하셨으며 무리를 불쌍히 여기셨다. 하나님이 예수님을 세상에 보내셨듯이 그 분을 믿고 순종하는 신자들을 세상에 보내신다.

신자는 직접 거리에 나가서 전도를 하지 않더라도 가정, 직장이나 학교 등에서 참된 그리스도인의 삶을 보여주어야 한다. 있는 자리에서 그리스도의 주권을 드러내며 하나님의 영광을 나타내야 한다. 세상에서 고립되어 사는 것이 아니라 세상에서 소금이 되며 빛으로 사는 것이다. 신자의 총체적인 삶의 모습에서 증인이 되어야 한다. 삶의 모든 영역이 소명이며 삶 자체의 모습이 전도하며 선교하는 것이다.

2부

멘투멘 제자 양육

현대교회의 목회 구조는 한사람의 능력 있는 목회자가 교회를 이끌어 나가는 형태와 모든 교회 구성원들이 목회에 참여하는 형태가 있습니다. 물론 한사람의 능력 있는 목회자가 있을 때, 교회가 숫자적으로 성장하는 것을 부인할 수 없습니다. 하지만 그 한사람의 목회자에게 문제가 생겼을 때 교회가 급격히 약화되는 것 또한 부인할 수 없는 사실임을 현대 교회에서 보여주고 있습니다. 그러나 교회를 이루고 있는 모든 구성원이 하나님께서 각자에게 맡겨주신 한 영혼을 섬기며, 작은 목회자의 역할을 감당할 때, 교회는 어떤 문제 앞에서도 결코 흔들리지 않습니다. 모든 성도가 제자양육을 통하여 목회자의 마음을 품고, 목회자의 어려움을 이해하며 동역할 때, 교회는 더욱 든든히 세워져 갈 수 있으며, 세상을 향해 강력한 영향력을 끼칠 수 있을 것입니다. 교회의 본질은 세상을 복음으로 변화시키는데 있습니다. 예수그리스도를 영접한 우리들은 교회이며, 세상에서 불러냄을 받은 것과 동시에 세상으로 파송 받은 예수그리스도의 제자들입니다. 그러므로 제자양육은 많은 것 중에서 하나로 선택할 수 있는 프로그램이 아닙니다. 모든 성도가 적극적으로 참여해야 하는 필수적인 일입니다. 제자양육은 자신이 어떤 존재인지 정확하게 모르는 성도들을 깨워, 이 시대와 공간속에 자신을 보내신 하나님의 뜻이 무엇인가를 깨닫고 행동하게 하는 귀한 사역입니다.

마 16:16-17절에서 베드로가 "주는 그리스도시오 살아계신 하나님의 아들이시니이다."라고 고백했을 때 예수님은 "바요나 시몬아 네가 복이 있도다."라고 축복하시며 "내가 이 반석위에 내 교회를 세우리니 음부의 권세가 이기지 못하리라."라고 말씀하셨습니다. 즉 예수님을 그리스도라고 고백한 우리 각 사람을 교회라고 하신 것입니다. 그리고 엡 1:22-23절에서는 예수님을 "만물 위에 교회의 머리로 삼으셨고 교회는 그의 몸이니"라고 말씀하십니다. 몸은 머리에 의해 움직이게 되어 있습니다. 교회의 머리 되신 예수님은 이 땅에 계실 때 가르치고 전파하고 고치셨습니다. 그러므로 교회의 몸 된 우리들도 예수님처럼 가르치고, 전파하고, 고치며 하나님의 교회를 세워 나가야 합니다. 이 일은 우리가 하는 것이 아닙니다. 단지 우리를 하나님 앞에 내어드리면, 우리 속에 계신 성령께서 우리를 도구로 사용하시어서 이루어 나가시는 것입니다.

예수님의 꿈은 모든 민족과 열방 가운데 하나님의 교회를 세우는 것입니다. 교회는 끊임없이 하나님의 교회를 개척하고 세워나가야 합니다. 교회가 교회를 세워나가지 못한다면 생명이 없어 죽어가는 교회일 것입니다. 마찬가지로 교회된 우리 각자도 끊임없이 교회를 생산해야 합니다. 그렇지 않다면 우리가 어떤 신앙의 형태를 가졌든 죽은 교회에 불과할 것입니다. 교회된 한사람이 또 한사람의 교회를 세워가는 것이 제자양육이며, 교회마다 왕성하게 제자양육이 이루어져 재생산을 할 때, 예수님이 꿈꾸시던 하나님의 나라 눅 17:20-21가 이루어 질 것입니다.

01 멘투멘 제자 양육이란?

멘투멘은 멘토와 멘티를 말합니다. 멘토[Mentor]는 지도와 도움을 주는 사람이며, 멘티[Mentee]는 지도와 도움을 받는 사람입니다. 멘토는 하나님께서 자신에게 주신 여러 자원을 멘티에게 나누어 주며, 멘티가 가지고 있는 잠재력을 발견할 수 있도록 도와주는 영적 영향력이 있는 사람입니다.

예수님은 평범한 사람을 부르셔서 그들을 제자로 삼으시고 훈련시키셨습니다. 그리고 그 제자들로 하여금 교회를 이루게 하셨습니다. 그리고 부활 후 승천하시기 전, 이 사역을 제자들에게 계속하도록 부탁하셨습니다. 제자들의 순종은 온 민족과 열방으로 복음이 전파되는데 쓰임 받는 도구가 되었고, 우리에게도 복음이 전해져서 구원의 영광을 누리게 되었습니다.

> 마 28:19-20 "하늘과 땅의 모든 권세를 내게 주셨으니 그러므로 너는 가서 모든 족속으로 제자를 삼아 아버지와 아들과 성령의 이름으로 세례를 주고 내가 너희에게 분부한 모든 것을 가르쳐 지키게 하라 볼지어다 내가 세상 끝 날 까지 너희와 항상 함께 있으리라"

제자양육은 예수님을 믿는 사람들을 가르쳐 그리스도께 순종하게 하는 것입니다. 가르치는 것과 가르쳐 지키게 하는 일은 다릅니다. 가르쳐 지키게 하는 일은 예수님이 하셨던 것처럼 삶의 나눔을 통해 섬김의 본을 보이는 것으로만 가능합니다.

딤후 2:1-2 "내 아들아 그러므로 네가 그리스도 예수 안에 있는 은혜 속에서 강하고 또 네가 많은 증인 앞에서 내게 들은 바를 충성된 사람들에게 부탁하라 저희가 또 다른 사람들을 가르칠 수 있으리라"

제자양육은 예수님의 제자로서의 삶을 살게 하는 능력 있는 사역입니다. [엡 4:11-16절]은 그리스도의 몸 된 교회가 성장하는 원리를 가르쳐주고 있습니다. 교회의 사역 가운데 가장 중요한 것은 말씀으로 하나님의 사람을 세우는 일입니다. 이를 통하여 그리스도의 몸 된 교회를 세우고 하나님의 나라를 이루어 가는 것입니다. 제자양육은 교회를 교회되게 하고, 성도를 하나님의 사람으로 세우는 능력 있는 사역입니다. 제자양육은 단순히 성경 지식을 전달하는 성경공부가 아닌 성령의 사역입니다. 형식적인 그리스도인이 아니라 신앙과 삶이 일치하는 참된 그리스도인을 길러내는 것에 목적이 있으며, 자기중심의 그리스도인이 아니라 성경중심의 그리스도인으로 세우는데 있습니다. 그렇기에 말씀을 가르치는 멘토와 말씀을 배우는 멘티가 개인적으로 만나 하나님의 말씀을 체계적으로 공부하며, 서로의 삶을 나누고, 함께 기도하며, 성도의 관계를 맺어 가는 것입니다. 이렇게 하며 멘토와 멘티가 동시에 영적으로 성장해 나가는 것입니다.

02 멘투멘 제자 양육의 중요성

　멘토와 멘티의 관계 사이에서 양육을 하면 강의식이나 소그룹 성경공부와는 다른 확실한 영향력이 있습니다. 강의나 소그룹의 공부 방법에서는 개인적인 문제를 다루기가 쉽지 않습니다. 그리고 그룹 성경공부는 그룹 전체를 위한 것이기에 각 개인에게 필요한 내용 전달에 한계가 있음을 부인할 수 없습니다. 그러나 멘토와 멘티 관계 사이에서 양육과 나눔이 이루어지면 효과적으로 교육내용들이 전달되어질 수 있습니다. 또한 멘티가 개인적으로 구원의 확신이 있는지를 확실하게 점검할 수 있는 것도 큰 장점입니다. 이 점이 강의식이나 소그룹과 큰 차이점입니다.

　현대인들에게 필요한 것은 인격적인 만남입니다. 지식적으로는 많은 것을 가지고 있을지 모르지만 인격적으로 메말라 있는 것이 현대인들의 모습입니다. 이런 상황에서 사람들은 자신을 드러내기 보다는 감추는 것에 익숙해져 있습니다. 문제는 가슴속 깊은 곳에 숨어있는 상처들은 드러내기 전엔 치유와 회복이 어렵다는데 있습니다. 멘토와 멘티가 만나 어디서도 말할 수 없었던 아픈 이야기들을 들어주고, 공감해주고, 기도해줄 때, 변화가 일어나기 시작합니다. 제자양육의 열쇠는 공감해주고 사랑해 주는데 있습니다. 관계의 회복은 상대방을 배려하는 것으로부터 시작합니다.

멘토는 하나님께서 맡겨주신 멘티를 잘 섬기기 위해선 먼저 성령의 인도하심을 구해야 합니다. 교재의 내용을 효과적으로 전달하기 위하여 연구하며, 준비하는 시간도 중요하지만, 무엇보다도 멘티를 예수님처럼 댓가를 치르며 사랑하겠다는 마음의 준비가 있어야 합니다. 그리고 멘티를 위해 끊임없이 중보기도를 해야 합니다. 이런 준비 과정을 통해 멘토는 목회자들의 심정을 알게 되고, 자기도 그 심정을 품게 됩니다. 이것은 영적으로 성숙할 수 있는 새로운 기회를 얻는 일입니다.

제자 양육의 핵심은 재생산에 있습니다. 교회가 교회를 계속 세워가지 못한다면 문제입니다. 건강한 교회는 새로운 교회를 계속 낳고 세워가야 합니다. 마찬가지로 예수그리스도의 제자 된 우리들도 계속하여 제자를 낳는 재생산이 이루어져야 합니다. [딤후 2:1-2]은 충성된 사람이 또 다른 사람을 양육함으로써 복음의 능력을 극대화 시키는 재생산의 원리를 설명해 주고 있습니다. 이러한 원리에 의하여 멘티에게 멘토가 되도록 비전을 심어주어, 하나님의 나라를 넓히는데 쓰임 받는 삶을 살아가도록 동기부여를 하는 것입니다. 이러한 제자양육은 필연적으로 교회를 바로 세우고 영적으로 성장시키는 요소가 되는 것입니다
엡 4:11-16

03 멘투멘 나눔의 원리

우리는 매일 거울을 봅니다. 거울을 보는 이유는 자신이 자신의 모습을 볼 수 없기에 거울을 통해 자신을 보기 위함이지요. 거울을 보면서 형클어진 머리 모양을 바로 다듬고, 수염을 깎고, 옷매무새를 정리하는 등 흐트러진 자신의 모습을 바로잡아 가기 시작합니다. 만약 거울이 없다면 이런 일들은 남이 대신해 주어야 할 것입니다. 하지만 남이 해준다 해도 자신은 자신의 모습을 결코 바로 볼 수가 없을 것입니다. 자신의 모습을 볼 수 있어야 자신의 모습에 어떤 문제가 있는 것인지 정확히 알 수 있고, 또 교정할 수 있을 텐데 말입니다.

멘투멘 제자양육은 말씀에 기초한 삶의 나눔입니다. 그렇기에 나눔의 원리를 바로 알고 양육을 진행한다면 교회를 든든히 세워 가는데 쓰임 받는 강력한 도구로서 자리매김 할 것입니다. 삶의 나눔이란 멘토와 멘티가 예수그리스도란 말씀의 거울을 통해 자신들의 현재의 모습을 바라보는 것입니다. 그리고 거울에 비추어진 자신들의 모습을 말씀으로 교정해 가고, 회복해 가는 과정을 말합니다.

우리들은 신앙생활을 하면서 상대적인 평가를 통해 자신을 볼 때가 얼마나 많은지 모릅니다. 그렇기에 남들을 보면서 내가 더 신앙적으로 성숙되어 있고, 도덕적으로 윤리적으로 깨끗하다고, 자신을 합리화 시킵니다. 하지만 말씀의 거울을 통해 자신을 조명해 보면 다릅니다. 말씀이란 거울에 자신을 비추어 보아야 비로소 일그러져 있던 자신의 모습을 발견할 수 있는 것이지요. 자신의 참 모습을 발견할 수 있어야 회복할 기회도 가질 수 있습니다.

멘투멘 제자양육의 나눔은 하나님께서 우리를 창조하신 원래의 형상대로 회복해 가는 과정입니다. 멘투멘 제자양육이 성경공부가 아니라 삶의 나눔이라고 강조하는 이유도 여기에 있습니다. 성경공부는 매우 중요합니다. 모든 것이 성경으로부터 시작되기 때문입니다. 성경이 모범답안입니다. 하지만 모범답안이 제시해 주는 것처럼 삶을 살지 않고, 또 교정해 가지 않는다면 말씀은 우리 삶에서 아무런 능력도 드러내지 못합니다. 멘토와 멘티가 말씀으로 자신들을 교정해가며 영향력 있는 삶을 살아갈 때에, 멘투멘 제자양육 성경공부는 예수그리스도의 제자를 끊임없이 재생산해 나가는 강력한 툴이 될 것입니다.

1주차

창조의 은혜

믿음의 시작은 먼저 내가 어떤 존재인지를 아는 것 입니다. 자신이 어디로부터 왔으며, 또 어디로 갈 것인지, 현재 어떻게 존재하고 있는 것인지를 알아야 합니다. 그것을 모른다면 열심히 방황하며 살고 있는 것입니다.

사람은 다른 피조물들과 다릅니다. 하나님께서 자신의 형상을 따라 모양을 지으시고, 코에 자신의 생기를 불어넣으셔서 생령이 되게 한 특별한 존재입니다. 그렇기 때문에 하나님과 인간 사이는 결코 분리될 수 없는 관계 속에 있습니다. 자신이 어떤 존재인지를 정확하게 알아야 인생의 목표와 이상을 정확하게 세울 수 있으며, 올바른 신앙의 가치관을 가질 수 있습니다.

1. 태초에 하나님이 천지를 창조하셨습니다. 하나님은 창조하신 세상을 어떻게 보시고 계십니까? ^창 1:4, 10, 12, 18, 21, 25

   ----

2. 하나님은 피조물들과는 다른 방법으로 사람을 만드셨습니다. 사람은 어떻게 만들어진 존재입니까? ^창 1:26, 2:7

   ----

3. 하나님이 사람을 만드시고 첫 번째 부여하신 임무가 무엇입니까?
   창 1:28

   ----

4. 하나님이 에덴동산을 만드시고 사람을 그곳에 두셨습니다. 그리고 명령하신 것이 있습니다. 무엇입니까? 창 2:16-17

   > 하나님이 명령을 지키라고 하신 이유가 무엇입니까?
   > ---

5. 하나님은 여자를 어떻게 만드셨습니까? 창 2:22-23

   ---

6. 인간의 첫 번째 범죄는 어떻게 이루어졌습니까? 창 3:6

   ---

7. 하나님의 명령을 어기고 범죄 한 인간에게 어떤 결과가 주어졌습니까? 창 3:15-19, 롬 3:23, 롬 5:12, 롬 6:23

---

8. 인간이 범죄 한 이후 성경에 나타난 세상의 의미는 무엇입니까? 엡 6:12, 요일 2:15-16, 요일 5:19

인간은 하나님의 형상대로 창조되었습니다. 하나님의 형상이라는 것은 눈이나 귀 같은 모양이 아니라 하나님의 성품, 즉 도덕적, 정신적, 영적인 특성으로 만들어졌다는 의미로 인간은 영혼과 육체를 지닌 완전한 존재였습니다. 이렇게 창조된 인간은 생육하고 번성할 뿐 아니라 하나님의 말씀에 순종해야할 존재입니다. 하지만 아담의 범죄는 그대로 후손들에게 전가되었고, 부패한 죄성이 유전되어 죽음에 이르게 되었습니다. 인간은 영과 육의 완전한 오염으로 전적으로 무능하며, 영적으로 죽은 존재로 하나님과의 관계가 단절되었습니다.

2주차

구속의 은혜

 기독교 신앙의 본질과 핵심은 예수그리스도입니다. 믿음의 모든 초점은 예수님께 맞추어져야 합니다. 그때 우리가 믿어야 할 분명한 대상과, 믿어야 할 내용, 그리고 믿음의 고백으로 이루어지는 결과가 분명해 집니다.

 범죄 함으로 인해 하나님과의 관계가 단절된 인간들은 죄의 문제를 해결하지 않고는 어떤 누구도 하나님 앞에 나아갈 수 없게 되었습니다. 문제는 인간 스스로는 죄를 해결할 수 없습니다. 구원은 우리의 죄를 십자가위에서 자신의 몸으로 대신 해결하신 예수님께만 있습니다. 예수님이 어떤 분인지 바로 알아야 합니다.

1. 예수님은 누구입니까? 마 1:21, 마 3:17, 눅 2:11, 요 1:14, 골 1:15, 요일 1:2

   ----

2. 예수님은 어떤 경로를 통해 이 세상에 오셨습니까? 마 1:18-20, 마 2:1, 눅 1:34-35

   ----

3. 예수님이 인간의 몸을 입고 이 땅에 오신 이유가 무엇입니까? 눅 5:32, 눅 24:46-48, 골 1:19-20, 히 2:14-18, 요일 3:8, 요일 4:9

> 적그리스도[요일 2:22, 요이 1:7]
>
> ---
> ---

2주차. 구속의 은혜

4. 예수님은 자기 자신을 누구라고 말씀하셨습니까? 요 10:30, 요 14:6, 요 14:9

---

5. 예수님은 공생애 기간 중 어떤 일들을 하셨습니까? 마 4:23, 마 1:15, 막 2:17

---

6. 범죄 함으로 영원히 사망과 저주로 갈 수 밖에 없었던 인간들을 위해 예수님이 하신 일은 무엇입니까? 사 53:5-6, 막 10:45, 롬 5:8

---

7. 예수님의 십자가 죽음은 우리와 어떤 관계가 있습니까? 롬 3:24, 롬 5:19, 엡 1:7

---

8. 왜 예수님만이 유일한 구원자이십니까? 마 1:21, 요 1:29, 사 53:6

[마 16:16, 빌 2:6-8]

9. 화목제물의 의미에 대하여 나누십시오. 마 27:51, 막 15:37-38, 엡 2:13-16

---

10. 당신은 예수그리스도의 십자가를 묵상하며 자신의 죄에 대하여 애통한 적이 있습니까?

예수님은 참 하나님이시며, 참 인간으로서 인간의 죄를 대신 지고 십자가에서 죽음을 당하셨습니다. 그의 죽음은 율법이 정한 형벌을 다 이루신 죽음이었습니다. 예수님의 피는 내 죄를 대속하시기 위한 속죄의 피 입니다. 예수그리스도의 십자가 안에 하나님의 사랑이 있습니다. 십자가 안에 영생, 구원, 의롭게 됨, 천국이 있습니다. 성도는 매일 십자가를 묵상하며 감사와 감격이 넘쳐야 합니다.

3주차

부활의 은혜

　예수님은 부활을 통해 "메시아"[기름부음 받은 종말의 구원자]이시며, 지금도 살아서 역사하시는 하나님의 아들이심을 드러내셨습니다. 예수님의 부활은 성경에서 분명하게 증거하고 있습니다. 예수그리스도의 부활은 역사적 사실입니다. 이것을 믿는 것이 기독교 신앙이며, 이것은 성도들의 삶과 절대적으로 연관되어 있습니다. 부활신앙은 신앙의 핵심이며 모든 고난을 이기는 놀라운 능력입니다. 예수님으로 인해 나의 옛사람도 죽고 하나님의 능력으로 신자도 부활합니다. 나는 부활의 감격으로 살고 있습니까?

1. 예수님의 부활은 성경에 예언되었던 내용을 성취하신 것입니다. 예언된 내용이 무엇입니까? ^{마 16:21, 28:6, 막 14:28, 눅 24:7, 고전 15:3-4, 시 16:10}

---

2. 예수님의 부활이 역사적 사실임을 믿습니까? ^{막 16:6, 눅 24:23, 요 20:9, 엡 1:20,}

---

3. 부활하신 예수님은 많은 사람들에게 나타나셨습니다. 부활하신 예수님을 만져본 사람도 있고, 함께 음식을 먹은 사람도 있습니다. 어떤 사람들이 부활하신 예수님을 만났습니까? ^{막 16:9, 요 20:19,24, 21:1, 행 1:3, 고전 15:5-8}

---

4. 예수님의 부활은 우리에게 어떤 영향력을 미칩니까? 롬 4:25, 롬 6:5-8, 고전 15:21-22, 갈 2:20

------

5. 부활하신 예수님은 어디로 가셨습니까? 막 16:19, 눅 24:51, 요 14:12

------

6. 하나님은 부활하신 예수님께 어떤 권세를 주셨습니까? 엡 1:20-22, 빌 2:9-11

------

7. 부활하신 예수님 지금 무엇을 하고 계십니까? 요 14:2-3, 요 15:26

------

8. 하나님께서 우리를 예수님의 부활에 연합시키신 이유가 무엇입니까? 엡 2:4-7, 빌 3;21

> 예수님의 죽으심과 부활은 기독교의 핵심 복음입니다.
> 예수님의 육체적 부활은 신자들의 부활의 첫 열매입니다.
> 예수님이 부활하심으로 만왕의 왕, 만주의 주가 되십니다.
> 예수님이 부활하심으로 참 하나님이 되시고, 참 인간이 되십니다.

4주차

영생의 은혜

예수그리스도를 인격적으로 자신의 구세주로 영접한 사람은 하나님의 자녀로 신분이 바뀌게 됩니다. 구원의 주체는 하나님이십니다. 구원을 위하여 하나님이 제시하신 방법은 예수그리스도이시며, 우리가 취할 방법은 예수그리스도를 나의 구주와 나의 하나님으로 믿고 영접하는 것입니다. 그 결과로 우리는 죄 사함과 더불어 영원한 생명이 보장됩니다. 이 모든 것의 동기는 바로 하나님의 우리로 향하신 극진하신 사랑 때문에 이루어지는 것입니다.

예수 그리스도를 보내주신 것은 우리를 구원에 이르게 하시는 하나님의 일방적인 선물입니다.

1. 예수님을 믿기 전 우리는 어떤 존재였습니까? 롬 3:10, 롬 3:23, 롬 5:12

   > 예수님이 없는 사람들의 특징 3가지를 찾아보십시오. 엡 2:1-3
   >
   > --
   > --

2. 구원을 받기 위해 우리가 해야 할 일은 무엇입니까? 요 3:16, 요 14:6, 롬 10:9-10, 행 2:21, 행 16:31

   > 이제까지 자신이 자기인생의 주인이었음을 회개하십시오. 그리고 예수님만이 자신의 주인이 되실 수 있음을 인정하고, 예수님을 구주로 영접하십시오.

3. 예수님을 믿고 영접한 사람은 신분이 바뀝니다. 어떤 신분이 되니까? 롬 3:24, 롬 5:1, 롬 5:8, 롬 5:19

---

4. 예수님을 영접한 사람들이 누리는 혜택이 무엇입니까? 요 5:24, 요 6:47, 갈 3:26, 빌 3:20-21

---

5. 예수님을 영접하고 하나님의 자녀가 된 사람들에게 나타나는 반응은 무엇입니까? 요일 4:11, 롬 5:10-11, 살전 5:16-18

---

6. 예수님을 구주로 영접한 사람들은 어떤 삶을 살아야 합니까? 마 28:18-29, 고후 5:15, 빌 1:29, 요일 3:16

----

7. 예수님으로 인해 받은 구원을 잃어버릴 수 있습니까? 요 10:28-29, 롬 8:38-39

----

8. 예수님은 지금 당신 안에 계십니까? 요일 5:11-13

영적정체성의 변화 [칭의, 성화, 영화]

믿음으로 의인이라 불리는 것을 칭의라고 합니다. 죄로 인해 영원한 사망으로 갈 수 밖에 없었던 우리가 예수님을 구주로 영접하게 되면 하나님이 예수님의 의를 우리에게 덧입혀 주십니다. 즉 예수님의 완전한 의로우심 안에 우리가 있게 되는 것입니다. 예수님의 의로우심을 입은 우리는 더 이상 죄인이라고 정죄되는 것이 아니라 하나님의 법정에서 의인이라고 선언되는 것입니다. 하지만 예수님을 영접하여 칭의된 우리들에게도 여전히 죄의 본성이 남아 있습니다. 이렇게 남아 있는 죄의 본성은 성화의 과정을 통하여 다듬어지다가 죽음과 부활을 통해 완전히 사라지게 됩니다. 칭의가 하나님 앞에서 우리를 의로운 신분으로 변화시킨 사건이라면, 성화는 우리의 본성이 예수그리스도를 닮아 거룩해져 가는 과정입니다. 칭의와 성화는 믿음으로 예수님과 연합한 자들에게 주어지는 특별한 혜택입니다.

5주차

성례

기독교에는 성례전이라고 하는 아주 중요한 예식이 있습니다. 성례전은 세례와 성찬을 의미하는 것으로 거룩한 예식이라는 뜻을 가지고 있습니다. 기독교의 핵심 예식으로서 십자가에 달려 죽으시고 부활하신 예수그리스도를 자신의 구주로 영접한 그리스도인들이 연합했다는 증표로서 예수님께서 직접 제정하신 예식입니다.

- **세례**

1) 세례는 성부, 성자, 성령의 이름으로 행해집니다. 마 28:19

----

2) 세례는 죄 용서함을 받았음을 의미하는 구원의 표입니다.
막 16:16, 롬 6:4, 행 2:38, 벧전 3:21

---

3) 세례는 새로운 피조물로서 그리스도 예수 안에서 새롭게 탄생했음을 의미합니다. 롬 6:4, 행 8:12-13, 고후 5:17

---

4) 세례는 그리스도 예수와 하나 되는 연합을 의미하며 교회공동체의 일원이 되게 하는 의식입니다. 갈 3:27, 골 2:12

> 세례는 그리스도인 개개인이 하나님 은혜의 언약백성이 되었음을 확인하는 증표입니다. 그리스도 예수 안에서 새로운 피조물이 되었음을 하나님과 교회 앞에서 공표하는 복된 예식입니다.

- **성찬**

1. 성찬의 의미는 무엇입니까? ^{고전 10:16-17}

    1) 성찬은 예수님께서 잡히시던 밤에 친히 제정하신 예식입니다.
       마 26:26-28, 막 14:22-24, 고전 11:23

    ---

    2) 성찬은 예수그리스도와의 연합을 기념하는 예식입니다.
       눅 22:19-20

    ---

    3) 성찬은 예수그리스도가 우리를 위해 죽으셨음을 전하는 예식입니다. ^{고전 11:26}

    ---

4) 성찬의 떡과 포도주는 예수그리스도의 몸과 피를 의미합니다.

요 6:35, 요 6:53-55, 행 2:42, 고전 11:23-26

---

2. 성찬에 참여할 때에 주의할 것은 무엇입니까? 고전 11:27-29

6주차

교회

　진정한 교회는 무엇입니까? 예수님은 마16:16-18절에서 베드로의 고백이 있은 직후 베드로를 향하여 "너는 베드로라 내가 이 반석 위에 내 교회를 세우리니 음부의 권세가 이기지 못하리라"고 말씀하셨습니다. 이처럼 진정한 교회는 예수를 그리스도로 고백하고 영접한 우리 성도들입니다. 그래서 바울은 고전 3:16절에 "너희가 하나님의 성전인 것과 하나님의 성령이 너희 안에 계시는 것을 알지 못하느냐"고 했습니다. 예수 그리스도가 이 땅에 오셔서 하나님의 나라를 선포하실 때에 교회당을 건축하고서 설교하신 것이 아닙니다. 사람들이 모일 수 있는 장소라면 어느 곳에서든지 가르치시고, 전파하셨으며, 고치셨습니다. 예배를 드리기 위하여 회중이 모이며, 훈련하는 외형적인 건물도 중요합니다. 하지만 예수님의 이름으로 가르치고, 전파하고 고치는 일이 계속 지속되어 진다면 그것이 진정한 교회입니다.

1. 역대하 6:18-42절을 읽고 구약에 나타난 예루살렘 성전에 대해 나누어 보십시오.

   ---

2. 교회란 무엇입니까? ^{마 16:16, 행 17:24, 고전 1:2, 고전 3:16-17}

   ---

3. 교회의 주인은 누구입니까? ^{엡 1:22-23}

   ---

4. 교회는 히브리어로는 "콰할", 헬라어로는 "에클레시아"라고 합니다. "에클레시아"에 내포되어 있는 뜻은 무엇입니까? 사 43:1, 요 15:16

---

5. 교회를 이루고 있는 직분은 어떤 것들이 있으며, 직분을 세우신 이유는 무엇입니까? 엡 4:11-13

---

6. 교회는 모이는 교회와 흩어지는 교회의 2가지 기능이 있습니다. 모이는 교회는 무엇을 말하며 기능은 무엇입니까? ^{마 6:33, 요 4:23-24, 20:21}

> 교회의 기능 중 가장 중요한 것은 하나님께 예배드리는 것입니다. 예배는 어떻게 드려져야하며, 예배의 중요한 요소는 무엇인지 나누십시오. ^{행 2:42, 골 3:16, 대상 16:29}

7. 흩어지는 교회는 무엇을 말하며 기능은 무엇입니까? ^{마 4:23, 마 18:20, 마 28:18-20}

---

8. 예수님이 교회된 우리 각자에게 주신 약속은 무엇입니까? ^마 16:18-19, 마 28:20

교회는 건물이 아닙니다. 예수님을 주[구세주]로 고백하는 공동체입니다. 그리스도께서 피 흘려 값 주고 산 교회입니다. 그런 의미에서 교회는 세상의 소망입니다. 교회만큼 우리에게 소망을 주는 모임은 없습니다.

> 종교 개혁자들이 주장한 바른 교회는
> 첫째, 하나님 말씀을 바로 전하는 교회
> 둘째, 성례전을 행하는 교회
> 셋째, 권징을 행하는 교회라고 하였습니다.

7주차

성령

하나님이 우리에게 주신 가장 귀한 선물은 예수그리스도이십니다. 예수님의 십자가 대속으로 인해 우리 같은 죄인이 용서함을 받고 하나님의 자녀가 되었으며 영원한 생명을 받았습니다. 예수님은 우리를 구원하시고자 십자가위에서 모든 법적인 처리를 이루어 놓으셨습니다. 이 사실을 우리로 하여금 지성적으로 깨닫게 하고, 예수님을 구세주로 믿고 확신케 하며, 구원의 기쁨과 감격을 누리게 하시는 분이 성령님이십니다. 성령님은 영이시기 때문에 보이는 형체도 없고 만질 수도 없습니다. 하지만 시간과 공간을 초월하셔서 역사하시는 무소부재하신 분이시며, 지성, 감성, 의지를 지닌 인격체이십니다. 성령님은 성부하나님께서 세상을 창조하실 때도 함께 계셨고 성자 예수님이 십자가에 죽으시고 부활하셨을 때도 함께 계셨던 삼위일체 하나님이십니다.

1. 성령님은 누구입니까? 요 14:16-17, 요 16:13-14, 롬 8:9, 요일 5:5-6

   ----

2. 성령님은 어떤 일을 하십니까?

   1) 성령님은 예수님을 증거하러 오셨습니다. 요 15:26, 고전 12:3

   ----

   2) 성령님은 모르는 것을 알게 해주십니다. 요 14:26, 롬 8:15-16

   ----

   3) 성령님은 우리의 잘못을 돌이켜 바른길로 가도록 인도하십니다. 요 16:8

   ----

4) 성령님은 우리의 연약함을 도와주십니다. 롬 8:26, 요 7:37-39

---

5) 성령님은 믿는 자에게 영적은사를 주십니다. 롬 12:6-8, 고전 12:4-11, 엡 4:11-12

---

3. 우리 각 사람 가운데 내주하시는 성령님이 상황에 따라 떠나가실 수 있습니까? 요 16:8, 롬 8:26, 엡 4:30

성령께서 영구적으로 내주하신다는 것이 항상 성령 충만한 상태로 살게 될 것을 의미하는 것은 아닙니다. 우리 안에 내주하시는 성령은 우리의 죄악과 교만으로 인하여 소멸되기도 하시며, 근심하기도 하시고, 끊임없이 기다려 주시기도 하시며, 탄식하시기도 하십니다. 때때로 우리는 성령이 우리를 떠나신 것이 아닐까 의심할 때가 많이 있습니다. 특히 본의 아니게 죄를 지은 후 더욱더 그런 생

각을 갖습니다. 그러나 성령은 결코 우리를 떠나지 않으십니다. 단지 소멸되실 뿐입니다. 소멸이라는 것은 성령의 충만한 영향력이 사라지는 것을 의미할 뿐 성령이 우리를 떠나는 것을 의미하지는 않습니다. 성령은 어떠한 경우에도 우리를 떠나지 않으십니다. 그러나 우리는 성령을 근심시키는 일을 하지 않아야 합니다.

> 보혜사[헬라어: 알로스 파라클레토스]란 "돕기 위하여 부르심을 받아 항상 곁에 계신 이"라는 뜻입니다.

4. 오순절 날 마가의 다락방에서 어떤 일이 있었습니까? ^{행 2:1-4}

> 이천년 전에 골고다 언덕의 십자가위에서 이루어진 사건을 현재의 시간과 공간속에서 나의 것으로 만들어 주시고 누리게 하시는 분이 성령님이십니다. 구약시대에 성령은 하나님의 백성 가운데 소수의 사람에게 일시적으로 임하셨습니다. 그러나 성령님은 오순절 성령강림 사건 이후 예수를 믿고 영접한 모든 자에게 부어지시고 내주하시며 영원토록 함께 하십니다.

5. 성령 충만이란 무엇입니까? 엡 1:13-14, 요일 4:7-11

   ---

6. 성령 충만을 받아야 되는 이유가 무엇입니까? 롬 7:22-25, 롬 8:13-14, 갈 5:17

   ---

7. 성령의 충만함을 입은 사람들은 어떤 삶을 살아갑니까? 행 1:8, 2:42, 4:31, 6:10, 갈 5:22-23

성령님은 삼위일체 하나님이시고 인격자이십니다. 모든 분야에서 그분의 주권과 통치권을 인정하고 우리의 삶을 다스려 주시기를 원할 때 우리 가운데 충만히 임하실 것입니다. 보혜사 성령님은 언제 어디서나 우리와 함께 하십니다. 눈동자같이 우리를 지키시고 보호하시는 무소부재하신 그리스도의 영이십니다.

8주차

성경

　그리스도인이 하나님을 사랑한다는 것은 성경말씀을 사랑한다는 말과 같은 것입니다. 말씀을 가까이 하지 않으면서 하나님을 사랑한다는 것은 잘못된 것입니다. 성경말씀 속으로 들어가야 이제까지 참고, 안타깝게 나를 기다리시고 계셨던 하나님아버지를 만날 수 있습니다. 탕자를 기다리시는 아버지의 사랑이 그 속에 녹아져 있는 것입니다.

　하나님은 성경을 통하여 우리에게 말씀하십니다. 또한 성경은 그리스도인의 삶에 필수적인 매뉴얼입니다. 그리스도인으로 산다는 것은 이 땅에서의 삶이 영적전쟁 속에 놓여있다는 것을 의미합니다. 영적전쟁을 하며 살아가야하는 그리스도인에게는 무기가 있어야 합니다. 그리스도인의 무기는 하나님의 말씀이며, 말씀을 익숙하게 사용할 수 있는 훈련을 해야 합니다.

1. 성경의 기록 목적은 무엇입니까? 요 5:39, 요 20:31

   > 요한복음에 나타난 예수님은 어떤 분입니까? 요 1:14, 6:35,
   > 8:12, 9:5, 10:7, 10:11, 11:25, 14:6, 15:1

2. 성경이 가지고 있는 4가지 기능과 목표는 무엇입니까? 딤후 3:16-17

   ----

3. 성경공부를 해야 하는 이유가 무엇입니까?

   1) 하나님을 알기 위해서입니다. 출 3:14, 호 3:3,6, 요 1:1, 8:24, 8:28, 18:6, 10:30, 요일 5:20

   ----

2) 나를 알기 위해서입니다. ^{창 1:27, 2:7, 롬 3:23}

----

3) 나에게로 향하신 하나님을 뜻과 계획을 알기 위해서입니다.
   마 28:18-20, 행 1:8, 엡 2:4-7, 살전 5:16

----

4. 성경말씀을 어떤 마음가짐으로 대해야 합니까? ^{신 11:18, 시 119:97,} 103,127, 잠 2:4, 행 17:11, 벧전 2:2

----

5. 성경말씀과 동행하는 삶을 살 때 어떤 유익이 있습니까? ^{시 119:} 97-105, 엡 4:13-14, 딤후 3:16, 히 4:12

----

6. 성경에서 말씀하고 있는 "복"의 개념은 무엇입니까? 신 18:19-20, 신 30:9-10, 시 1:2-3, 수 1:8

---

7. 우리가 말씀 앞으로 나가려 할 때 무엇이 방해합니까? 마 13:18-22, 요일 2:16

---

8. 왜 고난 속에서도 성경말씀을 붙들어야 합니까? 시 119:71, 92, 105, 130, 마 6:33

성경말씀은 하나님 자신입니다. 하나님은 말씀을 통해 자신을 계시하십니다. 말씀으로 천지를 창조하신 하나님은 오늘도 성령님을 통해 성도들에게 빛(illumination)을 비추십니다.

믿음이란 하나님의 말씀인 성경을 전적으로 마음에 받아들이고 그 말씀을 순종하며 영적으로 성숙해져 가는 것을 말합니다.

9주차

기도

　예수님을 믿는 사람들은 하나님께 기도할 수 있는 특권을 가지고 있습니다. 기도는 우리가 하나님아버지를 얼마나 믿고 의지하는가를 보여주는 행위입니다. 따라서 기도는 나의 계획을 관철시키기 위해 하나님을 움직이거나 하나님을 조종하는 수단이 아닙니다. 기도는 하나님과의 친밀한 소통이며, 나를 뛰어 넘어 하나님의 지경 안으로 들어가 하나님의 크고 비밀한 경륜을 경험하는 것입니다. 우리의 기도를 들어주시고 응답해 주시는 분은 하나님이십니다. 따라서 기도와 겸손은 함께 갑니다. 자신이 무엇인가를 이루어낼 수 있다고 생각하는 교만한 사람은 기도하지 않습니다. 그러나 겸손한 사람은 늘 하나님의 도우심의 손길을 구합니다. 기도가 목적 지향적이 되면 안 됩니다. 기도는 나를 통해 이루실 하나님의 뜻을 알아 가는 것입니다. 생각하면 문제와 상황이 보이지만, 기도하면 하나님의 능력이 나타납니다.

1. 기도란 무엇입니까? 요 14:13, 요 15:7, 히 4:15-16

> 기도는 예수님의 이름으로 성령님의 인도하심을 받아 하나님의 임재 앞에 나가는 것입니다.

2. 무엇을 기도해야 합니까? 마 6:9-13, 마 6:31-33, 눅 11:2-4

> 내 기도가 나의 삶을 통해 하나님의 뜻과 계획이 이루어지길 소원하는 기도를 드리고 있는가? 점검하십시오.

3. 어떻게 기도해야 합니까? 엡 6:18-19, 골 4:2, 살전 5:17

---

4. 왜 기도해야 합니까? ^{골 4:3. 삼상 12:13}

> 예수님은 언제 기도하셨으며, 왜 기도 하셨습니까? ^{막 1:35, 눅 5:15-16}
>
> ---
> ---

5. 기도하는 사람의 자세는 어떠해야 합니까? ^{마 6:6, 히 11:6, 빌 4:6, 마 21:22}

---

6. 하나님은 우리의 기도를 어떻게 응답하십니까? ^{마 7:7-8, 마 16:19, 요 14:13-14, 요 16:24}

---

7. 기도가 응답되지 않는 이유가 무엇입니까? 마 6:14-15, 요 9:31, 약 4:3, 사 1:15-17, 사 59:1-2

---

8. 중보기도는 다른 사람이나 공동체를 위한 기도입니다. 어떻게 기도해야 합니까? 행 1:14, 롬 12:15, 딤전 2:1, 약 5:14-16, 느 1:5-9

---

9. 특별한 기도

합심기도 행 2:1, 행 12:5, 행 16:25-26

금식기도 마 16:16-18, 행 13:2-3, 욜 2:12-14

기도는 강요나 율법적인 요구가 아니라 중생하여 죄 사함의 은혜를 체험한 신자가 누리는 특권입니다. 또한 기도는 나를 향하신 하나님의 뜻을 알기위한 과정입니다. 그렇기에 쉬지 않고 기도하는 지속성이 중요합니다. 예수님께서 겟세마네 동산에서 아버지의 뜻을 순종하기 위하여 피와 땀을 쏟으시며 기도하신 것을 본받아야 합니다.

10주차

전도

    우리가 영적인 존재라면 세상적인 나와 영적인 내가 분리되면 안 됩니다. 하나님이 우리에게 구원을 안겨주신 것은 아직 복음을 듣지 못한 자들에게 예수님을 전하는 구원의 통로로 사용하시기 위함입니다.

    교회가 존재하고 부흥해야 하는 이유도 세상에 복음을 전해야 하기 때문입니다. 세상에서 가장 무서운 일은 그리스도인들이 복음을 말하지 않고 침묵하는 것입니다. 우리는 세상에 나가 하나님의 사랑으로 예수님의 구원을 세상 모든 사람들에게 알려야 합니다. 전도는 주님이 주신 사명, 즉 명령이며 우리는 하나님의 구원과 은혜의 통로로서의 삶을 살아야 합니다.

1. 예수님이 오신 이유가 무엇입니까? 눅 5:32, 딤전 1:15

   ---

2. 전도가 무엇입니까? 마 9:36, 고전 1:21, 유 1:23

> 전도는 명령입니다. 명령은 내 의지가 개입되는 것이 아닙니다. 전도는 세상을 구원하시는 하나님의 지혜이며 하나님의 능력의 통로입니다.

3. 전도를 해야 되는 이유가 무엇입니까? 마 28:19-20, 롬 1:16, 롬 10:14-15, 행 8:31

   ---

4. 무엇을 전해야 합니까? 고전 1:23-24, 행 4:2, 행 8:5-6

> 전도의 4원리
>
> 1) [신론] 하나님은 당신을 사랑하십니다.
> 2) [인간론] 사람이 범죄 함으로 하나님과의 화목이 깨어졌습니다.
> 3) [기독론] 예수님만이 사람의 죄를 대속할 수 있는 유일한 분입니다.
> 4) [구원론] 우리는 죄인임을 인정하고 예수님을 구주로 영접해야 합니다.

5. 언제 전도해야 합니까? 행 1:8, 딤후 4:2

---

6. 전도자의 삶은 어떠해야 합니까? 마 5:16, 빌 2:15, 벧전 3:15

> 세상이 하나님을 발견할 수 있는 유일한 통로는 교회이고 성도들입니다.

7. 전도자는 어떻게 준비해야 합니까? 고전 2:4-5, 골 1:28-29

---

8. 요1:41-48절을 읽고 안드레와 빌립이 취한 행동에 대해 나누십시오.

---

9. 전도의 결과는 어떻게 나타납니까? 롬 6:18,22, 골 1:21-22, 딤후 2:26

　　전도는 예수그리스도의 피로 구속받은 신자들이 순종해야 될 의무입니다. 전도는 잘하고 못하는 것이 중요한 것이 아니라 하나님을 사랑하는 마음으로 순종하는 것입니다. 전도의 성공과 실패는 하나님의 주권에 맡기고 신자는 순종만 하면 됩니다. 하나님은 순종하는 자를 통해 구원의 역사를 이루어 가십니다.

11주차

고난

그리스도인들에게도 고난은 피할 수 없습니다. 믿음은 고난 가운데서 어떻게 행동하는가? 로 결정됩니다. 자신 앞에 놓여 진 문제와 상황을 넘어서서 십자가에서 승리하신 예수그리스도를 바라보는 것이 참 믿음입니다.

공중권세 잡은 자 곧 마귀는 하나님의 교회된 성도들을 쓰러뜨리려 영적으로 쉬지 않고 공격을 합니다. 그러나 우리를 힘들게 하는 고난은 걸림돌이 아니라 하나님이 함께 하심으로 말미암아 영적으로 한 단계 더 도약하는 디딤돌이 됩니다.

1. 고난은 왜 찾아옵니까? 빌 1:29, 요일 2:15-16, 약 1:14

   ----

2. 우리 삶에서 실제로 겪게 되는 고난은 어떤 것들이 있습니까?
   골 3:5-6, 히 11:24-26

   > 당신이 현재 겪고 있는 고난은 무엇입니까?

3. 고난당할 때 우리가 취해야 할 행동은 무엇입니까? 롬 12:2, 엡 6:13,
   벧전 4:12-13, 약 1:2-4

   ----

4. 욥과 예레미야는 자신들에게 닥친 고난에 대하여 어떻게 반응했습니까? 욥 1:20-22, 렘 3:21-23

> 그리스도인에게 시험과 고난은 축복의 시작이며 새로운 기회입니다. 중요한 것은 고난을 당할 때에 하나님 앞에 무릎 꿇고 도우심의 손길을 구하는 것입니다. 하나님은 내가 아무 것도 할 수 없을 때 찾아오셔서 일하십니다.
> 믿음은 내 앞에 놓여있는 문제와 상황을 보는 것이 아니라 하나님아버지를 보는 것입니다. 요 6:35

5. 고난을 이길 수 있는 방법은 무엇입니까? 마 6:33, 요 16:33, 요일 5:4-5

---

6. 고난을 이길 수 있도록 돕는 분은 누구입니까? 고전 10:13, 시 34:19, 벧전 5:6-7

---

7. 그리스도인들이 고난을 통해 얻는 유익은 무엇입니까? 시 34:19-20, 시 119:67,71, 롬 8:17-18, 28, 고후 1:4-5

12주차

방해

구원받은 하나님의 백성들은 주님을 따라 살려고 노력합니다. 그러나 자신이 의식하지도 못한 채 죄 가운데 빠지는 경우가 많습니다. 하나님께 가까이 가려는 우리들을 막아서는 방해요인이 있기 때문입니다.

1. 방해하는 요인은 어떤 것들이 있습니까?

    1) 사단의 유혹 때문입니다. 창 3:5-6, 13, 벧전 5:8

    ---

    2) 죄의 소욕 때문입니다. 롬 7:22-23, 약 1:14-15

    ---

3) 율법을 지키려는 욕구 때문입니다. 엡 2:8-9, 갈 2:16

4) 교만 때문입니다. 잠 16:8

2. 방해요인들은 우리의 신앙생활에서 어떻게 나타납니까?

　　1) 자기기만, 즉 척하는 모습으로 나타납니다. 마 24:24, 벧전 4:11

　　2) 하나님과 흥정하려는 모습으로 나타납니다. 창 28:18-22

　　3) 이기적인 신앙의 모습으로 나타납니다. 요 13:14-15, 고전 11:24

4) 이원론적 신앙의 모습으로 나타납니다. 딛 2:11-14

3. 방해요인들을 어떻게 극복할 수 있습니까?

1) 성령님의 도우심을 구해야 합니다. 요일 4:7-11

2) 확고한 믿음을 가져야 합니다. 시 121편

3) 말씀을 의지하고 기도해야 합니다. 롬 12:2

4) 교회공동체에 모이기를 힘써야 합니다. 요 13:34-35

13주차

리더

우리는 하나님의 말씀과 하나님의 교회, 그리고 하나님이 세우신 권위 앞에 순종해야 합니다. 예수를 믿는다는 것, 예수님의 제자가 된다는 것은 멀찍이 서서 십자가를 바라본다는 것이 아닙니다. 그것은 날마다 십자가에 자기 자신을 못 박는 순종을 통하여 확증됩니다. 교회의 리더십이 된다는 것은 다만 예수님을 본받는 것이 아니라 예수님의 죽음이 내 죽음이 되고, 예수님의 부활이 내 부활이 된다는 것을 의미합니다. 제자란 자기주인의 고난과 버림받음과 십자가의 죽음에 참여하는 것입니다. 하나님은 나를 통해 일하시기를 원하시는 것이 아니라 내가 하나님께 순종하는 사람으로 변하길 원하십니다.

1. 성경에서 말하는 참 리더란 누구입니까? 마 23:10

   ----

2. 예수님의 리더십은 어떻게 나타났습니까?

   1) 섬김의 리더십입니다. 막 10:45

   ----

   2) 낮아지심의 리더십입니다. 요 13:12-15

   ----

   3) 죽음의 리더십입니다. 요 10:15

   ----

3. 리더란 순종하는 사람입니다.

   1) 예수님의 순종은 어떤 결과를 이루었습니까? 롬 5:19, 빌 2:6-8

   ---

   2) 아브라함의 순종은 어떤 결과를 이루었습니까? 창 12:1-3, 22:16-18

   ---

   3) 베드로의 순종은 어떤 결과를 이루었습니까? 눅 5:5-6, 요 21:6

   > 순종은 이제까지 내가 가장 가치 있다고 여기며 붙잡고 있던 것들을 포기하고 하나님의 뜻을 따르는 것을 말합니다.

4. 리더란 자기를 부인하는 사람입니다. 눅 9:23, 요 12:24, 롬 12:1

   1) 다비다[행9:36-37]는 어떤 복을 누렸습니까?

   ----

   2) 옥합을 깬 여인[눅7:37-38,50]은 어떤 복을 누렸습니까?

   ----

5. 리더의 자질에는 무엇이 있습니까?

   1) 올바른 방향을 제시해주는 것입니다. 요 13:12-15

   ----

   2) 상대방의 말에 귀를 열고, 동기부여를 해주는 것입니다. 롬 14:1

   ----

3) 아픔과 상처를 감싸주는 것입니다. 롬 12:15

---

4) 실수를 인정할 줄 알고 정직한 것입니다. 전 7:29, 시 112:4

---

5) 예배자의 삶을 사는 것입니다. 요 4:24

참고 도서

김세윤, 복음이란 무엇인가 : 두란노, 2002.

김세윤, 예수와 바울 : 두란노, 2001.

김선일, 교회를 위한 전도 가이드 : 도서출판 세대대, 2012.

권성수, 성령 설교 : 두란노, 2009.

박희석, 그리스도인의 생활 원리 : 총신대 출판부, 2011.

백금산, 기독론 : 부흥과 개혁사, 2012.

오정현, 인터넷 목회 : 규장, 2001.

오정현, 새 천년 사역의 패스파인더. : 두란노, 2002.

유상섭, 사도행전 강해 : 생명의 말씀사, 2002.

유석영, 한눈에 보는 구약 관통 : 목양, 2018.

엄호섭, 모유 전도법 : 국민 일보, 2000.

이정석, 세속화 시대의 기독교 : 이레 서원, 2001.

최병규, 이단 진단과 대응 : 은혜 출판사, 2004.

최 헌, 십자가가 복음이다 : 기독교 문서 선교회, 2013.

허복만, 속도보다 중요한 것은 방향입니다. : 야스미디어, 2009.

부흥을 꿈꾸는 교회 교육 대한 예수교 장로회 총회 교육 개발원 서울 2006.

Aldrich Joseph C. 생활 전도, 오정현 역 : 생명의 말씀사, 1993.

Barrs Jerram, 전도 예수님께 배운다 이성우 김영미 공역 : SFC 2010.

Green Michael, 초대 교회의 복음 전도 홍범룡 역 : 복있는 사람, 2010.

Hybels Bill, 사랑하면 전도합니다 정성묵 역 : 두란노, 2006.

Kreider Alan, 회심의 변질 박삼종외 역 : 대장간, 2012.

Ladd George Eldon, 하나님 나라 원광연 역 : 크리스챤 다이제스트, 1997.

Murphrey, Buddy, 그물을 당겨라, 정학봉 역 : 동서남북, 1992.

Murray Beasley GR, 예수와 하나님 나라 박문재 역 : 크리스챤 다이제스트, 2002.

Owen John, 현대인을 위한 죄 죽이기 최애자 역 : 프리셉트, 2012.

Packer James, 복음 전도란 무엇인가 조계광 역 : 생명의 말씀사, 1977.

Peace Richard, 영혼을 살리는 대화 심연희 역 : 예수 전도단, 2009.

Piper John, 칭의 교리를 사수하라 장호익 역 : 부흥과 개혁사, 2007.

Pohl Christine D, 손대접, 정옥배 역 : 복 있는 사람, 2003.

Smith Gorden T, 온전한 회심 임종원 역 : CUP, 2012.

Ford Paul R. Your Leadership Grip (St. Charles: Church Smart, 2000.

Prince Matthew, Winning Through Carring (Grand Rapids: Baker Book House, 1981.

Stott John, Christian Mission in the Modern World (London: A Falcon Book, 1979.

풀러 신학교 목회학 박사 학위 논문 박웅희 외 다수

풀러 신학교 김세윤 박사. 신약 신학 강의안

풀러 신학교 김선일 박사. 전도학 강의안

대학생 선교회 전도 훈련 교재 및 전도에 대한 책 다수